Pobreza, desarrollo y Globalización en el Sur del Sur

Muakuku Rondo Igambo, Fernando

A mis sobrinos
Pile à Toe na Bote à Dipepe.

INTRODUCCIÓN

Los antagonismos étnicos, agravados por un desacertado proceso de colonización y descolonización, han convertido a África en un continente de grandes desequilibrios cuyas consecuencias, entre otras, son la inmigración masiva hacia Occidente, los conflictos interétnicos o el hambre. La solución se presenta como una tarea compleja por la confluencia de diversos intereses internos y, sobre todo, externos. La debilidad interna ha provocado una falta de cohesión de los países africanos, lo que conlleva que, cuando se plantea el problema africano desde el exterior, se aborda desde diversos puntos de vista, según el discurso del momento, ninguno de los cuales responde a la realidad e interés africanos. El paternalismo occidental considera que la pobreza es un mal endémico de África que tiene su origen en la incapacidad de ésta para desarrollarse y sugiere la aplicación de recetas capitalistas. Por el contrario, para los africanos su pobreza se debe a la implantación del capitalismo en África y la solución no debe provenir exclusivamente del exterior, sino de una mayor implicación africana.

La primera parte de este trabajo pretende analizar el origen y las consecuencias de la pobreza africana, que guarda paralelismo con el inicio del actual modelo de acumulación de capital.

La necesidad de materias primas en el mercado occidental desembocó en la invasión de los territorios del tercer mundo y marca el inicio de una relación de intercambio desigual. Para justificar esta relación de pillaje se trató de convencer a los países africanos, y del Tercer Mundo en general, de que su atraso se debía a no haber adoptado "comportamientos civilizados".

Una de las secuelas del largo proceso colonial es la crisis de identidad socio-cultural alimentada por unos estados frágiles y de exclusión mutua entre los dirigentes y el pueblo, en donde el clientelismo queda instalado a partir de un ejercicio arbitrario de poder. De esta manera se asienta en una África sumida en crisis ideológica, una lucha por el poder. Los esfuerzos infructuosos por la construcción de África a la medida de los africanos, a partir de un socialismo tribal, permitieron reafirmar la política neocolonial y condenar a África a una lucha desigual por el desarrollo.

En la segunda parte se cuestiona el modelo de desarrollo defendido desde Occidente que aboga por el abandono de la evolución natural africana, excluyendo las pretensiones y capacitaciones internas para asumir la occidental. La caja de herramientas quedaría puesta al alcance de África a través de un mecanismo de cooperación para el desarrollo con el fin de uniformar a los países del Sur. El balance de esta desacertada política, casi medio siglo después, no puede ser más evidente porque la excesiva dependencia de occidente no ha permitido a África orientar su destino sino que ha agudizado sus niveles de insolvencia alimentaria, de realización, su concurso en el concierto internacional, etc.

En la última parte se reflexiona sobre la globalización entendida como libertad unidireccional de movimiento de mercancías, capitales y factores productivos sin asumir la ley de la oferta y la demanda.

Occidente, que no ha favorecido hasta hoy la formación de sistemas democráticos y de bienestar social también en las periferias, pretende implantar una globalización parcial que excluye la reciprocidad en las relaciones comerciales y sobre todo niega a los países de África, junto con el resto de los países del Sur, los beneficios de los que pueden disfrutar las sociedades del Norte. Esta doble moral debe servir para que el Sur asuma el hecho cierto de que, aún formando parte de un mundo global, el destino de cada una de las partes sólo puede ser dibujado por ella misma. Cualquier recomendación exterior debe ser tomada como tal y no como condicionante único y exclusivo. El destino de cada pueblo o región dependerá de sus realizaciones individuales y no de las buenas intenciones ni promesas casi siempre incumplidas del exterior.

PRIMERA PARTE:

LA POBREZA

1. ORIGEN Y CONSECUENCIAS.

Una cuestión de partida es la de conceptualizar la palabra pobreza. Porque si en las sociedades africanas este término queda asociado fundamentalmente a la soledad, el análisis es radicalmente diferente si el área de estudio es Occidente donde la insatisfacción de las necesidades flujos y stocks son los elementos que definen el grado de la pobreza. Hecha esta primera apreciación, sobre la que volveré más adelante, y ajustándonos a la terminología occidental, no cabe duda de que la pobreza africana encuentra su origen desde la presencia extranjera y, en consecuencia, debe explicarse a partir de ella.

Consolidados los Estados-Nación en Occidente y con ellos los mercados nacionales, se inicia un proceso de expansión imperialista hacia el Sur con el deseo de encontrar nuevos mercados donde colocar su excedente industrial y adquirir desde allí las materias primeras necesarias para la incipiente industria europea. Durante esta primera fase, conocida como la etapa de la internacionalización del capital mercancía, las fuerzas imperialistas fueron conquistando y anexionando territorios que luego pasaron a ser colonias.

La colonización es un fenómeno fundamentalmente económico, pero para su asentamiento y pervivencia necesita ir acompañada de una colonización social. Las metrópolis eran conscientes de que su labor colonizadora dependía del éxito que tuviera su capacidad de destrucción de las culturas y creencias locales. En este sentido no se escatimó esfuerzos para convencer al africano de que su cultura estaba cargada de valores inmorales y contrarios a la civilización y al progreso. A partir de entonces, y con la inestimable colaboración de la iglesia, los africanos fueron desposeídos de sus valores. Unos porque "les cerraban el camino del cielo" y otros porque no les permitirán abandonar "el primitivismo", es decir, el salvajismo. Estos valores serían, por lo tanto, un gran inconveniente para el desarrollo. La civilización se reducía a sustituir su forma de vida por la occidental. No había término medio.

A partir de aquí se inicia un proceso de destrucción de las culturas y creencias de nuestros pueblos y la explotación de los recursos africanos, a cambio del credo occidental. "Cuando el europeo llega a África, dice el Obispo Sudafricano Desmond Tutu, le ofrecimos nuestra hospitalidad y él nos regaló la Biblia. Nos arrodillamos, cerramos los ojos y rezamos a su Dios. Cuando abrimos los ojos, teníamos la Biblia y ellos nuestras riquezas". Paralelamente las fuerzas colonizadoras, que se habían encargado de imponer no sólo sus costumbres sino también sus consumibles y el uso de su moneda y de unas relaciones distorsionadas a favor de la metrópoli, fueron estableciendo estratégicamente los puntos de venta de los productos occidentales. El comercio quedaba asegurado y fortalecido por una publicidad que "garantizaba"el consumo de tales productos.

Establecida la relación de pillaje, y sin abandonar el primer objetivo, el capitalismo colonial, en su segunda parte, dispone la internacionalización del capital dinero. Las inversiones en las colonias garantizarán una doble plusvalía: por una parte, por la venta de dicha producción y por la otra, la propia repatriación de los beneficios.

En una tercera fase, cuando Occidente asume que la independencia política de las colonias es un hecho, se plantea establecer unos vínculos y estructuras que aseguren la dependencia. Se diseñaron unos modelos políticos, ajustados a los requerimientos de las correspondientes metrópolis. Previamente Occidente se había encargado de preparar al futuro cuadro gestor. Un cuerpo de políticos (títeres) y profesionales recibieron una formación no ajustada a las necesidades del país, sino a las prioridades coloniales.

La década de los sesenta supone un cambio de escenario en las relaciones africano-occidentales. Los esfuerzos de K. Nkurumah[1] y la presión de la política internacional contra el sistema colonial desencadenaron una ola de reivindicaciones y, en algunos casos, sangrientas luchas en diversos países africanos que facilitaron las negociaciones encaminadas hacia unas independencias que luego se volvieron contra las pretensiones de los mismos pueblos africanos.

De este modo, la destrucción de la sociedad africana, que se inicia con la ocupación occidental, encuentra su continuidad en la burguesía nativa postcolonial en su afán y obsesión de desarrollarse a partir del modelo occidental. Enumeramos a continuación algunas consecuencias de este largo proceso.

ESTRUCTURA SOCIO-ECONÓMICA

1.- Crisis de identidad socio-cultural.

Como consecuencia de la Conferencia de Berlín, el África poscolonial hereda unos estados heteroculturales contrarios a las voluntades y costumbres locales. Una estructura mantenida, en apariencia, mientras duró la presión militar y colonial externa. Con las independencias la sociedad se segmenta en dos grandes bloques excluyentes: por una parte el pueblo, a su vez fraccionado en tribus o nacionalidades, que defiende los valores tradicionales y por otra, la clase dirigente inmersa en una profunda confusión. Porque, aprovechándose de la legitimidad jurídica externa, heredan privilegios de los gobiernos coloniales y además, presa de su concepción tribal, organizan el estado en torno a sus allegados impidiendo que se lleven a cabo proyectos de implicación nacional. Así, para garantizar su propia pervivencia, centralizan el aparato administrativo y lo someten a una estructura rígida. Se trata de un tipo de organización que anula automáticamente cualquier mecanismo de control. La ausencia de estas herramientas fiscalizadoras representa uno de los elementos perjudiciales, incluso por encima del factor capital con el que se enfrenta el proceso de desarrollo africano. La concepción paternalista africana hace que los mandatarios se sientan no tan sólo dueños legítimos de los bienes y derechos del país, sino también de la vida de sus conciudadanos.

Precisamente las democraturas africanas se diferencian de las democracias occidentales, no tanto en los conceptos que lo definen sino que si en las democracias occidentales sus dirigentes, instituciones y población en general están sometidos a los mecanismos de control establecidos, en las africanas sus dirigentes y todo su entorno viven al margen de estos mecanismos fiscalizadores. Así las instituciones se limitan a ser figuras de decoro en tanto que la población es la que carga con el peso de la injusticia de la justicia. Este modelo organizativo excluye a la mayoría de la gestión de sus destinos y le niega el derecho a formar parte de su propio estado.

2).- La debilidad de los estados africanos.

La debilidad de los estados africanos enfrenta su desarrollo con obstáculos que, en el mejor de los casos, lo retrasa. Recordemos que los países africanos accedieron a la independencia por dos vías:

a) mediante acuerdos con la metrópoli.
b) por lucha armada.

En ambos casos desde el exterior se decidió un código de comportamiento democrático a lo occidental (vía constitución), para una sociedad nada preparada socialmente para tal estructura. Las naciones africanas tenían sus propias estructuras populares. Los asuntos de interés general se deliberaban por consejos de ancianos hasta llegar a acuerdos. Las discrepancias entre los miembros de un colectivo se dirimían aplicando el derecho consuetudinario. Y para las naciones o culturas vecinas o diferentes se aplicaba el código del "respeto a lo ajeno". Estas y otras reglas de juego permitían una convivencia pacífica y respetuosa y evitaban los mecanismos de exclusión. El respeto a lo ajeno era un reconocimiento tácito de la libertad de las personas para disponer de su tiempo y del fruto de su trabajo. Sin embargo, el modelo occidental vino a universalizar la heterogeneidad de las culturas sin incorporar los elementos diferenciadores de cada una. Este modelo introduce nuevos elementos (conceptos y estructuras) sólo asimilables por la población elitista. Estado, partidos políticos, unidad, nacional son algunos de ellos. También introdujeron un catálogo de derechos. Los llamaron "derechos humanos". Algo así como un paquete de valores y privilegios observables por una sociedad civilizada, como la occidental.

Ciertos países, como Guinea Ecuatorial, recibieron de su madre patria (en dictadura) unas constituciones democráticas sin haberse preocupado antes de preparar a la población para entender lo que aquello significaba. Es decir, educar previamente a la población para asumir los valores de este tipo de pluralidad y sus beneficios antes de democratizar las instituciones. Los dirigentes africanos (algunos de ellos preparados para defender los intereses de la metrópoli) lejos de corregir los errores de la planificación colonial (productiva, política y social) orientaron más bien sus esfuerzos en concentrar todo el poder ejecutivo en la persona del presidente, modificando y amoldando las constituciones a su conveniencia.

Las prioridades políticas de los dirigentes africanos encuentran su reflejo en los respectivos presupuestos nacionales, donde la defensa nacional (más bien la seguridad personal) y la burocracia interior y exterior merecían más atención que la sanidad y la educación de las que se han de ocupar las familias, ya empobrecidas. Se suprime el multipartidismo y se crean partidos únicos o de unidad nacional como elemento aglutinador. Macías Nguema de Guinea Ecuatorial, durante la proclamación oficial del Partido Único Nacional (PUN) llegó a afirmar que "los partidos políticos son un refugio de conspiradores contra el pueblo. Sólo el PUN iba a ser el partido unificador de ideas, de contenido nacional y unificador de tribus..."[2]. Con esta filosofía la corrupción quedaba garantizada a la vez que se pierde la noción del Estado plural pasando a la personalización del poder. Ésta es la antesala de los conflictos que pronto inundaron el espectro socio-político africano. Los menos favorecidos por el régimen no encontrarán razón alguna para defender un modelo que ignora sus realizaciones. La idea de un estado multicultural fuerte con capacidad de abordar los problemas propios de un país recién independizado no sería posible, mientras los ideales tribales y regionales sean los parámetros que definan las reglas de juego.

La fragilidad de los estados africanos, basada en el carácter arbitrario de sus fronteras, además de la marginación a la que está sometida el resto de la población, es el argumento fundamental esgrimido por los defensores de una nueva "Conferencia de Berlín" que permita configurar los nuevos estados africanos a partir de sus realidades geoculturales, geopolíticas y geoeconómicas. De hecho, hay quienes se preguntan si es correcto hablar de estados-nación en lugar de estados-tribu. Wole Soyinka apesadumbrado por la crisis de Rwanda, sugiere un nuevo trazado de fronteras africanas a partir de criterios astronómicos[3]. En este orden de ideas Gakwandi, según Mbuyi Kabunda, recomienda la creación de siete macro-estados africanos: República de Sahara, en el África del norte; Senegambia, en África Occidental; República de África Central, en el África centro-occidental; La Erithomia en el cuerno de África; República Suajili, en África centro-oriental; Mozambia, en África austral y Madagascar[4]. Los límites y las condiciones adicionales se discutirían en la mesa de negociaciones. Con esta propuesta distributiva, también defendida por otros analistas africanos, quedan cuestiones pendientes de responder como son: ¿cuál sería la posición de Occidente en este nuevo puzzle? En definitiva, ellos siguen siendo los árbitros en los destinos de África. ¿Cuánto tiempo será necesario para que la población asuma esta nueva realidad? ¿Cuánto tiempo aguantaría la misma sin caer en nuevas reivindicaciones tribales? Porque si no fuera así África habría perdido, una vez más, una larga batalla. Además, si el diseño de los estados modernos africanos pasa por una división sobre la base de sus realidades geoculturales como remedio de las diferencias culturales, tribales, y étnicas, no sólo supone negar la fuerza que ofrece un marco de libertades políticas y de oportunidades, sino que se tendrá que asistir a un proceso complejo de reagrupamientos o en su caso a un mayor número de estados. Porque aunque en términos generales se tiende a hablar de la cultura africana, como si fuese homogénea, no es menos verdad que el rechazo entre las etnias, una vez levantado este velo, conducirá a mayores reivindicaciones de estados mono-étnicos.

Parece improbable que el problema tutsi-hutu, por poner un ejemplo, se termine porque Rwanda y Burundi han pasado a formar parte de un estado mayor. De hecho, las diferencias entre ambos pueblos datan de 1946 cuando ambos países eran administrados por Bélgica, bajo la vigilancia de las Naciones Unidas.

En todo caso, teniendo en cuenta que los estados modernos se están organizando sobre la base de la multiculturalidad, resulta más razonable crear fórmulas para esta convivencia plurinacional. Países como la India (por ejemplo) conviven como unidad política, a pesar de su heterogeneidad religiosa y cultural, gracias a que es capaz de resolver sus diferencias por los procedimientos constitucionales preestablecidos y aceptados por todos.

Una aportación importante en este debate nos la visualiza Donato Ndongo que, aun reconociendo que lo más saludable es una distribución geopolítica africana que responda a sus componentes étnicos, la considera no obstante como una solución utópica. Sugiere pues, reconocer las distribuciones actuales dotándolas de mayor y mejor poder como estado en el que todos deban quedar identificados[5]. El reconocimiento de las identidades de los pueblos en un estado moderno, que requiere de una emancipación de las estructuras políticas establecidas por dicha sociedad, favorecerá la creación de una cultura democrática basada en los pequeños núcleos sociales. Este ejercicio sólo será posible a partir del reconocimiento del hecho diferencial de cada pueblo y del respeto a sus valores.

3).-El concepto distorsionado del Poder en África.

Un Estado es aquella estructura política centralizada con capacidad de regir los destinos de un pueblo, o pueblos, de una determinada área geográfica. Un estado moderno se caracteriza por la emancipación de sus instituciones políticas que van dejando de ser patrimonialistas para ser cada vez más autónomas. Los gestores de las mismas, al estar sometidos a los mecanismos de control, se convierten en servidores de la voluntad de los ciudadanos quienes deberán censurar, cuando corresponda, su actuación. Una incorrecta y obsoleta utilización de esta definición conlleva una imposición del poder, sobre todo en aquellos estados carentes de democracia real al ignorar el concurso de la población en la gestión de las prioridades que le conciernen.

Con las independencias, los dirigentes africanos se apresuraron a adaptar los modelos políticos occidentales a la realidad socio-cultural africana. De este modo, varios estados africanos gozan de normas técnicamente perfectas ajustadas al Derecho Internacional, sin embargo, su aplicación para el funcionamiento de la administración es a partir de los esquemas tribales. Este hecho ha dotado a estas administraciones de excesivas leyes que contrastan con un déficit de políticas. La africanización de la política propicia que el poder autoproclamado o impuesto determinará el qué, el cómo y cuándo se deben administrar y a favor o en contra de quiénes tales o cuáles recursos, beneficios y castigos. Se trata de una estructura vertical en la cual el Jefe de Estado es el jefe de tribu con todas las prerrogativas que le confiere.

El poder en África está ligado al totalitarismo del dictador quien, para perpetuar su autoridad, es arropado por un círculo familiar de confianza. Debido a la insuficiencia del clan familiar y ante la exigencia de satisfacer mayores competencias administrativas, políticas y de seguridad personal siente la necesidad de rodearse de un mayor número de adeptos. Éstos, que no siendo de la célula familiar pero fundamentales para perpetuar la hegemonía del líder, que necesita de ellos como ellos de él, establecen entre todos una relación de intereses recíprocos. El deseo de recompensar la fidelidad de este "cuerpo protector" conduce a una política de clientelismo, donde la corrupción y la impunidad de los actos quedan garantizados. Este cordón de contención, por la cuenta que le trae, a su vez, venerará a su dios y se encargará de atraer para la causa a más fieles, a los que convencerán garantizándoles entrar a formar parte del estado de rapiña siempre que defiendan, por encima de todo, al patriarca. En Guinea Ecuatorial, por ejemplo, la frase; "si estás con dios, qué importan los Ángeles" suele ser el argumento esgrimido por estos devotos que defienden aquello que su bienhechor llama democracia a lo ecuatoguineano, en la que todo aquello que no se ajuste a la particularidad del Nkukuma- Ndjoe[6] es peligroso para la estabilidad del país. "Cuidado con las ideas importadas que convulsionan el país" suele ser el mensaje disuasorio utilizado por el presidente Teodoro Obiang para frenar cualquier intento de opinión contraria a su política represiva.

En este contexto es fácil comprender por qué los procesos electorales en África distan de representar la opinión más generalizada de los ciudadanos. La ideología política se sustituye por sensaciones. Es decir, la democracia no está asociada con la libertad de elegir el gobierno cuyo programa recoge las mayores preocupaciones del pueblo. A diferencia de Occidente la ideología política en África queda sustituida por el patrón que más garantiza la posibilidad de seguir con la usura. Por eso no es de extrañar que en algunos países africanos los más favorecidos por el sistema sean reacios al cambio. Para ellos la alternancia en el poder sólo traerá más desorden y ruina. Además para que el nuevo gobierno haga lo mismo - argumentan -, esto es, apropiarse del patrimonio nacional, es preferible la continuidad. Éste, al tener los bolsillos llenos, será menos avaricioso. Cuestión aparte es la de determinar la capacidad de dicho bolsillo. Los dirigentes africanos hábilmente utilizarán estos mecanismos de extorsión y chantaje para ser proclamados vitalicios.

4.- Un continente inestable

Tres factores explican por qué este continente vive en un permanente estado de inestabilidad.

Primero, la mala configuración interétnica. Tradicionalmente las naciones africanas se han organizado en torno a una filosofía de clanes. Este componente de la sociedad africana se resquebraja a partir del siglo XV, y después con la Conferencia de Berlín cuando Occidente configura una realidad diferente a los intereses africanos. Grandes tribus fueron segmentadas en variados estados y obligadas a iniciar una convivencia poco menos que imposible con otras de concepciones diferentes. Mientras duró el elemento, llámese persuasivo o aglutinador, colonial, la convivencia sólo tenía razón por la solidaridad que imprimía el sufrimiento frente al colono.

Segundo, la ambición por el poder. Durante la etapa colonial los líderes africanos lucharon para conseguir una África libre política, económica y solidariamente multitribal. Pero, con la independencia, esa unidad frente al colonialismo se convertiría en una feroz lucha interna por el poder.

Tercero, afloración de armas destructivas. La capacidad de los estados de proveerse de armas de destrucción masiva acentuó el carácter destructivo de las disputas. Las luchas tribales o de clanes en África, como en otras partes del mundo, siempre han existido. Pero no es hasta que se inicia el proceso de las independencias en África, sobre todo a partir de los años ochenta, cuando estos enfrentamientos adquieren una dimensión trágica.

CAUSAS DE LAS GUERRAS AFRICANAS

a) Intereses externos

En la práctica, los africanos (mayoritariamente) no se identifican, todavía, con ideologías políticas como en Occidente. Por esta razón, a mi modo de entender, los conflictos políticos son más bien de ambición de poder alimentados por una mano negra.

Los conflictos "políticos" y las convulsiones sociales africanas se diseñan desde los despachos extranjeros. Curiosamente las inversiones especulativas extranjeras han encontrado en la inestabilidad política africana una variable fundamental para incrementar la rentabilidad de sus negocios. El estado de caos de la posguerra (cuya reconstrucción no se financia desde el exterior) aumenta la inseguridad y hace latente los conflictos en África.

La influencia exterior representa otro elemento adverso en la historia moderna africana y en su desarrollo. Occidente ha convertido a África en consumidor de armas desfasadas a cambio de sus anhelados recursos naturales. "Mata" dos pájaros con la misma piedra, se deshace de grandes contingentes de armas obsoletas, oxigenando así su industria armamentista, y, a cambio, se provee de materias primas a precio de saldo.

Esta venta de armas se ha utilizado también, por una parte, para apoyar a los mandatarios leales de Occidente, por otra parte, para disuadirlos, armando a las guerrillas para propiciar golpes de estado, como mecanismo corrector, contra los gobernantes que se salen del guión, de este modo, se perpetúa la inseguridad y se desincentiva el desarrollo. Patético es el incumplimiento de la resolución del Consejo de Conducta aprobado por el Consejo de la Unión Europea (25 de mayo de 1998) comprometiéndose a no vender armas a países con un alto índice de riesgo de revueltas, so pena de sanciones económicas por parte de las Naciones Unidas[7].

La inestabilidad política de la República Democrática del Congo contrasta con las mayores inversiones extranjeras concentradas en la región de los Grandes Lagos. La tarta que representa la gran variedad y abundantes recursos mineros de la República Democrática del Congo va asociada a su inestabilidad política. Pero también es el apetito que justifica la presencia de las grandes multinacionales del sector en esta región de "alto riesgo" para las inversiones, en condiciones normales. Sin embargo para estas transnacionales esta situación es más una ventaja que inconveniente[8]. Todavía hoy hay quienes atribuyen la guerra de los Grandes Lagos a los deseos expansionistas de Uganda y Rwanda obviando los intereses financieros de las multinacionales del sector minero en la zona. Es un conflicto con varios protagonistas. La influencia de los americanos, cada vez más interesado por las riquezas africanas, es notoria. Desde Uganda (su centro de operaciones) los EEUU están decididos a intervenir en África. De hecho, la caída de Mobutu obedece (además de motivos de salud) a la pérdida de apoyos norteamericanos, que durante tres décadas se sirvió de la antigua Zaire como contrapeso a la influencia comunista de Angola. Desaparecido el comunismo, Mobutu deja de ser un dictador "útil". Los apoyos a Laurent Desiré Kabila por parte de los EEUU, Uganda, Burundi, Rwanda entre otros, posibilitaron el derrocamiento del régimen de Mobutu.

Angola es otro ejemplo de las ingerencias externas. Las revueltas de este país son de marcado interés económico. Las grandes riquezas de Angola (minerales, forestales y pesqueras) fueron de alto valor para los intereses exteriores (Occidentales y Comunistas) que han apoyado al Movimiento Popular para la Liberación de Angola (MPLA) y a la Unión Nacional para la Independencia de Angola (UNITA). La caída del muro de Berlín supuso también el fin del conflicto, 27 años después. El rechazo a firmar los acuerdos de paz por parte de la UNITA (noviembre de 1994) representó su aislamiento internacional y la pérdida del control sobre el tráfico de diamantes y de marfil. Estos hechos propiciaron la muerte de su líder (Savimbi) y la conversión de la UNITA en un partido de la oposición.

b) Disputas étnicas.

El enfrentamiento entre la población y sus dirigentes ha propiciado a los segundos, en minoría cuantitativa, buscar apoyos externos para consolidar su poder. La inseguridad y relativo aislamiento social de los gobernantes africanos les obligó a abolir el pluripartidismo e implantar un sistema policial férreo. Así, el ejército queda como una pieza imprescindible en el engranaje del poder político. Los numerosos golpes de estado en África, con el pretexto de reestablecer la unidad nacional o demostrar la incapacidad del gobierno anterior, obedecen más a motivaciones personales que a razones de estado. A partir de enero de 1963 se suceden los golpes de estado hasta principios de los años ochenta. Lo que en un principio eran disputas por el poder desembocó en sangrientas guerras de exterminio.

El genocidio de Burundi quedará por mucho tiempo en la retina del mundo. El odio y el miedo son dos palabras que definen la realidad de este país, enclavado en la región de los Grandes Lagos cuyo resultado es una historia sembrada de muertes. El conflicto de Burundi se ha descrito como una lucha tribal entre Tutsis y Hutus. Se ha llegado incluso a afirmar que la historia de Burundi se resume en una contradicción tribal entre la minoría Tutsi (poco menos del 15% de la población) que controla todas las esferas del poder, frente la mayoría Hutu.

Sudán es otro de los países africanos más castigados por las guerras civiles. Casi tres décadas marcan la historia negra de los sudaneses. Varios factores pueden considerarse como el origen de este clima: a) sus múltiples fronteras (Egipto, Libia, Tchad, Centro África, República Democrática del Congo, Uganda, Kenya y Etiopía) le proporcionan una diversidad de contactos culturales y religiosos. Aunque los más dominantes sean: al norte la islámica y al sur la cristiana. b) La presencia colonial inglesa, que con su apoyo al norte, donde creó una economía capitalista basada en su principal producto (el algodón), proporcionó el sometimiento del sur. De hecho, cuando se firman los acuerdos y se concede la independencia (enero 1956) se hace con la única aprobación del norte. Este hecho marca el desinterés de los dirigentes del Sur que pronto empezaron a aglutinar fuerzas de oposición contra el poder del norte.

La República de Congo Brazaville, es otro ejemplo añadido a este tipo de conflictos. Este país, formado mayoritariamente por dos grandes etnias, Mboshi al norte y los Kongos al sur. Además de un abanico de tribus minoritarias donde emergen grupos paramilitares que sirven a los intereses de las etnias mayoritarias y favorecen la limpieza étnica por parte de los "señores de la guerra". Denis Sassou Nguesso, arropado por sus paramilitares, los "cobra", de su etnia (mboshi), se ha aferrado al poder apoyado por las multinacionales petrolíferas.

c) Diferencias religiosas, ligadas a rivalidades étnicas.

Los enfrentamientos étnicos en Nigeria entre los hausas al norte, igbos al este y yoruba al oeste quedan asociados a sus diferencias religiosas. Este es el caso de la guerra civil de Biafra (1967-1970), o los enfrenamientos entre los musulmanes (hausas) y los cristianos (igbos) producidos a finales de febrero de 2000. En realidad, la adopción de la ley islámica (Sharia) como ley civil, en seis estados de los treinta que configuran la federación nigeriana, sólo era el detonante de una explosión social acumulada durante mucho tiempo, alimentada por el latente odio entre cristianos (45% de la población) y musulmanes.

En Costa de Marfil, los norteños (musulmanes), considerados inmigrantes, deben buscar su espacio frente a los cristianos y animistas (al sur). Es una crisis de grandes connotaciones religiosas y de identidad. Houphouët-Boigny había conseguido una cierta estabilidad económica y social durante las décadas de los sesenta y setenta. La crisis económica de los noventa permitió avivar el fuego de la segregación tribal.

La República del Chad es otro prototipo de estado en el que se libran enfrentamientos de tipo tribal. Las guerras de este país se explican a partir de la diversidad étnica y religiosa. En el norte los musulmanes (árabes, kreda, arabizados entre otros) no aceptarán una convivencia pacífica con los cristianos y animistas del sur, entre ellos los sara.

Sin embargo, éstos no son los únicos focos de violencia que sacuden África. El escenario es más amplio. La inestabilidad política de la República Centroafricana va camino de cumplir cuarenta años, desde que Jean Bedel Bokassa asumiera el control del país el 1 de enero de 1966. Los sucesivos presidentes (Dako, Kolimba y actualmente Angel-Felix Patasé) no han sido capaces de suavizar las tensiones étnicas. En Kenya la crisis étnica tiene su origen en la distribución desigual de las tierras agrarias, a favor de los kikuyu. Los conflictos en Liberia y Sierra Leona, ambos estados creados por decisión de los EEUU para albergar los esclavos negros libertos, se explican a partir de la marginación que éstos someten a las etnias oriundas. El conflicto en Mauritania se explica en términos racistas entre los blancos (los bereber) que controlan el poder y los negros (los sarakolé). La crisis en Rwanda tiene similitudes con la de su vecina Burundi. Estos dos países son el ejemplo más elocuente de los efectos de la conferencia de Berlín.

5) Crisis ideológica: El socialismo africano frente al capitalismo europeo.

A medida que se aproximaba la independencia las elites africanas se conjuraban para romper con esa Europa capitalista y opresora. Casi todos defendieron la necesidad de encontrar un modelo político que les desligara del invasor. El nacionalismo, fundamentado en los valores de la sociedad tradicional africana, era la apuesta más generalizada porque, según ellos, se ajustaba al espíritu colectivo, de hermandad y solidaridad africana que permitiría un trabajo de todos y para todos. Con este ideal nace, durante los años sesenta, el socialismo africano. Sus dirigentes eran conscientes de la necesidad de formular una doctrina nueva con capacidad para hacer frente al reto del desarrollo de África a partir de los valores culturales propios. Kenneth Kaunda, cuando defendía el socialismo humanista zambiano, decía: "hay que dejar a Occidente su tecnología y a Asia su misticismo e inspirarse en el comunalismo de la sociedad tradicional negroafricana, la cual se fundamenta en la ayuda mutua, la igual distribución de los productos del trabajo común yel desconocimiento de las clases sociales y de la economía de explotación del hombre por el hombre"[9].

Aunque se aprecian diferentes matices, casi todos los líderes del África negra adoptaron la doctrina socialista como una "tercera vía" frente al capitalismo y al comunismo. Fundamentaban el desarrollo africano en la planificación central para garantizar un mínimo de bienestar de la población. Analizaremos algunas de las formulaciones más representativas:

a) El socialismo democrático senegalés. Léopold Sedar Senghor consideraba al imperialismo cultural más peligroso que al político y defendía un desarrollo africano que tuviera en cuenta, además de los factores económicos, aspectos culturales y sociales. Se trataba de adaptar las teorías de Marx y Engels al concepto de la negritud africana. Él lo denominó "socialismo democrático" que propugnaba el bienestar de la población y la agricultura como la base del desarrollo económico.

b) El socialismo africano keniano. Jomo Kenyatta, contrario al capitalismo pero también al comunismo marxista (que a su juicio nada tiene que ver con la realidad de Kenia), propuso un modelo basado en la cooperación y también en las tradiciones africanas, tribales y colectivas para conseguir una sociedad sin clases sociales. El modelo de desarrollo keniano debe desmarcarse de los patrones occidentales y orientales y asentarse sobre esquemas tradicionales asegurando una vida digna a todos los miembros de la sociedad.

Cuando se habla del socialismo africano propiamente dicho, se hace mención a estas dos formulaciones, junto con el ugandés. Un socialismo que, sin abandonar todos los aspectos del capitalismo, nacionalizará lo nacionalizable. Es una vía capitalista de desarrollo combinada por un sistema de producción más o menos mixto.

c) El socialismo comunitario Tanzano. Julius Nyerere, contrario a una sociedad de clases y defensor del comunitarismo de la sociedad tradicional negroafricana, bastión sobre el que descansaba su ideal para fundamentar el rechazo a las ideologías extranjeras, concibió un modelo de desarrollo sustentado en el socialismo comunitario y diseñado en la filosofía del "Ujamaa"[10]. Este modelo propugna la nacionalización de los capitales foráneos e impulsa la educación del pueblo para un desarrollo comunitario. Según Nyerere las bases sociales deberán fundamentarse en los cimientos del pasado y no en la filosofía extranjera que podría poner en peligro el ideal nacional.

d) El socialismo humanista zambiano. Kenneth Kaunda defendía un desarrollo que contemplase no sólo los aspectos materiales sino también los valores morales y espirituales de la sociedad. Inspirado en conceptos de la fraternidad humana y cristiana, Kenneth Kaunda, proponía la intervención estatal en el sector privado para humanizar los procesos de producción capitalista.

e) El socialismo ghanés. K. Nkrumah, contrario al modelo de "desarrollo de estructuras imperialistas" que sólo conducían hacia la continuidad del sistema colonial, defendía un socialismo marxista. "Si mantenemos el modelo colonial podríamos asegurar cierto grado de expansión pero no la independencia real de nuestro pueblo"[11]. Sin embargo las peculiaridades de Ghana dificultaron la implantación de una ideología marxista-leninista. En la práctica Nkrumah quiso diseñar un modelo que permitiera la cohabitación de valores marxistas con planteamientos de una economía capitalista.

f) Otros países como la República de Burkina Faso, República Democrática del Congo, Somalia y las ex-colonias portuguesas, se decantaron por una formulación ambigua que denominaron "socialismo científico". Este modelo, cuya adhesión popular era voluntaria, combinaba discursos de tipo marxista con planteamientos económicos de corte capitalista[12].

Los países africanos, inmersos en una crisis de identidad política, y deseosos de romper con su largo pasado colonial, se pronunciaron por la política de no alineación, aunque en la realidad se matrimoniaron por una u otra corriente. A partir de aquí la mayoría de los países buscaron nuevos compañeros de viaje en la Europa del Este, China, la antigua Rusia y Cuba, como la manifestación suprema de su anticapitalismo y anticolonialismo.

Sin embargo varios factores escaparon del control de los políticos africanos:

a) Las costumbres europeas y, sobre todo, sus bienes ya formaban parte de la vida cotidiana de algunos africanos y eran objeto de anhelo por parte de la mayoría. Los últimos años de la ocupación colonial se caracterizaron porque crearon un cuadro intermedio entre el blanco y el indígena. Este era el nativo privilegiado. Un funcionario o pequeño empresario que gozaba de ciertas prerrogativas que le diferenciaba del resto. Disponer de productos occidentales, frecuentar sus economatos, vestir como ellos, contratar empleados de hogar o que sus hijos fueran a las mismas escuelas que las de los hijos de los blancos eran tan sólo algunas de estas pequeñas ventajas, lejos del alcance de la clase marginal, a las que el emancipado negro no estaba dispuesto a renunciar.

La posición preferente de esta nueva clase media también le permitió dominar la voluntad de sus compatriotas e instituirse como líderes y única voz autorizada. Su voluntad era la del pueblo y sus impulsos desenfrenados sólo recibían como respuesta las sublimes alabanzas. Francisco Macías Nguema -de Guinea Ecuatorial- (Gran Líder Popular, Padre de la Revolución guineana, Fundador del Estado guineano, entre otros títulos reconocidos), durante la campaña a las presidenciales de 1968 consigue derrotar a sus adversarios políticos que partían con mucha ventaja por la ayuda exterior con la que gozaban, porque prometió al pueblo todo aquello que poseían los blancos. No cesaba en repetir durante toda la campaña: "todos estos bienes serán nuestros si echamos a los blancos".

b) Las promesas como las de Macías ignoraban que la retirada del hombre blanco también supondría la de su capital y sus productos y que el africano, mayoritariamente, no había sido capacitado para ciertas funciones técnicas y administrativas. La salida, en algunos casos forzosa, del empresario occidental de un África incapaz de crear unos mecanismos de producción y comercialización autóctonos, representaba a su vez el abandono de unas maquinarias que poco después iban a quedar obsoletas. Con ello se asestaba un golpe importante al tejido productivo y se reducía la capacidad de generar divisas con las que habría que pagar las importaciones occidentales.

c) A pesar de que los gobernantes africanos intentaron forzar una unidad nacional, la población seguía identificada con su clan y, como mucho, con su tribu. La colonización no se había preocupado de crear una conciencia de estado.

d) Europa no estaba por la labor. Desde fuera se alimentaron las prisas, la desconfianza y, sobre todo, el escepticismo con respecto al modelo. Los líderes como Sékou Touré, L. S. Senghor, Haile Selasie o K. Nkrumah fueron dejados de la mano de nadie por su defensa de una Unidad de los Estados Africanos, algo así como lo que se está gestando en la Europa actual.

La nueva África socialista (en la que pronto se instaló la corrupción y la desorganización), que quiso pasar de la economía de mercado a un trabajo no remunerado y que nunca proporcionó a su población el bienestar prometido, a los pocos años, genera desigualdades tribales por el favoritismo de los dictadores con respecto a sus correligionarios.Todo ello desencadenó fuertes rencillas étnicas y territoriales.

Por su parte el fracaso de la política intervencionista en los sectores claves de la economía queda patente porque el sistema no pudo garantizar los niveles mínimos de producción de los años pre-independencia y acabó obligando a la población a trabajar para el estado a cambio de ciertas asignaciones mensuales mientras la renta de ese trabajo quedaba a buen recaudo para los miembros del gobierno y de su familia.

En Guinea Ecuatorial, con la retirada de la mano de obra nigeriana que durante tiempo era la que más atendió las necesidades de cultivo del cacao, se instituyó el trabajo forzoso a varones mayores de 15 años para las plantaciones de cacao cuya producción se intercambiaría con las importaciones y servicios técnicos y de asesoramiento chino, soviético y cubano. Estos trabajadores, que eran reclutados en los poblados, recibían como compensación una ración mensual de arroz, aceite de palma y pescado ahumado para su propia subsistencia. Pero el sistema no garantizaba a la familia de los reclutados ninguna prestación compensatoria como tampoco al conjunto de la población. Para el consumo interior Macías ideó una especie de cooperativa estatal. La bautizó como las plantaciones de Oveng. Se pretendía crear una agropecuaria capaz de suplir las carencias alimentarias internas. Sin embargo, de ellas sólo se beneficiaron, como es obvio, los más allegados al régimen.

Mobutu de la Rep. Democrática del Congo (antiguo Zaire) defendió el sistema del trabajo colectivo, la política del Salongo, como la alternativa para revalorizar la agricultura zaireña y garantizar la igualdad y el consumo de los productos internos. Este objetivo excluía la producción minera que se había reservado para su lucro personal. Una fortuna atesorada en la banca extranjera cuyas claves internas aseguran su carácter de donativo, pues no pueden ser recuperados por el país ni retirados por sus potenciales herederos. Jean Bedel Bokassa (de Centro-África) se ganó el premio de haber situado a su país en las primeras posiciones de los más pobres del planeta, a cambio de atesorar el patrimonio nacional en cuentas particulares en el extranjero. También se llevó el trofeo por haber sido el presidente que tuvo que pasar por la humillación de ser deportado a su país una vez arruinado. Exiliado en Francia, una vez derrocado por otro satélite francés, se acomodó rodeado de abundancias que debía costear con su inmensa riqueza. Una fortuna mal gestionada no se retroalimenta. Pocos años después se vio forzado a enfrentarse a la justicia de su país. Mientras su patrimonio, mejor dicho de Centro África, acababa de ser blanqueado. Un recorrido parecido le ha tocado a los otros dictadores como Mobutu y previsiblemente pasará con la de otros tantos tiranos africanos.

En Kenia se adoptó un sistema parecido. El socialismo familiar de Nyerere (el Ujamaa) que también basó su política agraria en la necesidad de autoabastecer a la población de productos internos. A pesar de que a nivel social consiguieran ciertos avances (como la creación de dispensarios, escuelas, se agruparon pequeñas aldeas y se convirtió el Swahili en idioma nacional), desde el punto de vista económico la apuesta de Nyerere supuso más bien un retroceso. El alto precio de los insumos, la sequía o la dificultad de conservar la tecnología importada, no permitió consolidar un desarrollo equilibrado del país. Estas contrariedades, también alimentadas por un escenario internacional que no permitió generar confianza y paciencia, acabaron con los sueños de una África al margen de los parámetros imperialistas.

6. Deficiencias estructurales como consecuencia de la política comercial y financiera del poder colonizador.

La cadena colonial quedaba cerrada con:

a) Un sistema de comunicación diseñado para el comercio exterior. África carecía de carreteras, vías y otros medios de comunicación que cohesionaran el interior del continente y que permitiera el desarrollo del comercio inter-africano."El aislamiento económico entre los pueblos que viven próximos,-decía Sylvanus Olympo- es uno de los saldos que deja en África la política colonial que se preocupó, más bien, de construir líneas ferroviarias que enlazan el interior con la costa, despreocupándose de conectar los centros comerciales inter-africanos".

b) Una política financiera a su medida. Mediante la cual la capacidad de generación de recursos africanos quedaría determinada por Occidente.

El sistema monetario africano había tenido una evolución similar a la de otras civilizaciones (uso de utensilios, acuñación de monedas de cobre, oro, etc). Con la presencia colonial los diferentes medios de pago imperantes en la economía africana quedan sustituidos por las respectivas monedas de cada país colonizador. Antes de las independencias se diseñan monedas específicas para cada país africano. El valor de las mismas no dependería de sus recursos sino del respaldo que recibiera desde la correspondiente patria madre. Así, ciertas potencias coloniales crearon unas comunidades financieras a las que garantizarán financiación y convertibilidad de sus monedas locales. Francia, por ejemplo, en 1939 crea para sus colonias africanas el Franco Cefa para facilitar sus intercambios con dichos territorios. La convertibilidad quedaba asegurada por el Tesoro Francés a un tipo de cambio fijo con un poder de veto sobre la emisión del Franco Cefa. Con la creación de la moneda africana, como también se llama al Franco Cefa, Francia hace firmar a sus colonias unos acuerdos, como los siguientes, que garantizaban su hegemonía: a) Los productos de estas colonias tendrían como único destino el mercado francés. b) El mercado colonial estará cerrado para los productos extranjeros excepto para los franceses. c) Los productos coloniales sólo se manufacturarán en la metrópoli. d) Los buques franceses serían los únicos encargados del servicio naviero entre Francia y las colonias y entre éstas, etc., Inglaterra, por su parte, incorpora sus ex colonias africanas en la estructura de la Commonwealth. Se trata de un sistema de preferencias aduaneras mediante el cual los países miembros se reconocen preferencias aduaneras mutuas no extensibles a terceros.

Con estos acuerdos el neoimperialismo se aseguraba dos objetivos: primero, la continuidad del sistema productivo y de comercialización. África necesita seguir produciendo para las metrópolis si quiere continuar adquiriendo productos occidentales y divisas para atender los compromisos administrativos del nuevo estado. Segundo, evitar una unidad económica interior, porque para ello se necesita una unidad monetaria fuerte. Las monedas de los países que rompían con estos pactos carecían de reconocimiento internacional ni interregional. Éste es el caso de la Guinea Ecuatorial. Sus difíciles relaciones con España (durante el régimen de Macías) privó a su moneda (la peseta guineana) del respaldo del Banco Central Español. Para dar salida a esta situación, el gobierno guineano emite el Epkwele que sólo servía para las transacciones internas. Las demás operaciones (las internacionales) se pagarán con cacao, café o madera.

En cualquier caso, y a pesar de todo, la nueva África independiente, que poco antes se había acomodado a los productos occidentales, no pudo librarse de la insuficiencia financiera. No estaba preparada para gestionar sus propios recursos. Su industria débil y tecnológicamente dependiente, que durante los últimos años de la presencia colonial no se planteó la necesidad de adiestrar a la población en el conocimiento y manejo de la maquinaria pesada occidental, a poco tiempo de la independencia quedaría hecha un desguace. La retirada de una parte importante del capital privado extranjero, que funcionaba de forma especulativa y que en ningún momento se asentó sobre las colonias, provoca un colapso en las incipientes economías que tuvieron que pedir auxilio a las correspondientes metrópolis. Hay que tener en cuenta que, en la mayoría de los países, el empresario local no poseía capacidad operativa suficiente.

Las expectativas de un progreso interno creadas durante el periodo de descolonización se ven frenadas por la insuficiencia financiera, además de otros aspectos. La ayuda externa garantizaba liquidez a cambio de seguir comerciando aquellos bienes predeterminados desde fuera cuyos precios no quedarían fijados por la ley de la oferta y la demanda sino impuestos a conveniencia del comprador. Las carencias locales quedarían cubiertas únicamente con importaciones pagadas a su vez con créditos del exterior.

Este rol asignado a la economía africana permite clasificarla en dos: por una parte está la Economía para el Exterior. Es la "economía occidental" basada en agricultura pesca y minería de exportación. Desde Occidente se importa la tecnología e insumos necesarios, a cambio se exportan materias primas y los ingresos generados. Por otra parte está la Economía de Subsistencia o nacional rudimentaria e incapaz de satisfacer las necesidades elementales de la población, ahorro e infraestructura de base. La dualidad queda servida desde el periodo colonial en tanto que ambas economías quedan separadas sin apenas nexo de unión que permita a la segunda aprovecharse de las ventajas y conocimientos de la primera. Por esta razón, cuando se produce la independencia política de África y, consecuentemente, varios empresarios extranjeros abandonan sus posesiones, el continente africano se ve inmerso en una profunda crisis por la caída en picado de todos los indicadores económicos. La prosperidad económica durante los años previos a la independencia estaba cimentada sobre la voluntad de los gobiernos coloniales de maquillar una realidad desastrosa. Algunos de ellos, como España con su ex colonia (Guinea Ecuatorial), diseñaron un Plan de Desarrollo Económico y Social basado en una política económica liberal que permitió incrementar la capacidad productiva de la colonia. Una base artificial que se derrumba a los pocos meses de la independencia. El capital colonial que permitió financiar la iniciativa privada exterior excluyó de la organización socioeconómica a la población local, insuficientemente capacitada para el relevo tras la independencia.

Una variante de la economía de subsistencia, defendida incluso por varios analistas como la alternativa a los modelos importados es la Economía del Pueblo o de ayuda mutua, vista incluso como elemento central para el fortalecimiento de los valores internos. Mbuyi Kabunda Badi la define como la "economía de los pobres", la cual actúa al margen de los mecanismos y estructuras oficiales mediante la autoayuda y se presenta como una alternativa a la economía oficial concebida según la lógica del mercado. Él propone su legalización para asegurar los beneficios sociales conseguidos a través de esa economía y para ayudarla a evolucionar porque, de hecho, cuenta con la legitimidad popular por su contribución en el PIB de los correspondientes países. Nze-Nguema (según Mbuyi Kabunda) la definen como la "expresión de la fecundidad popular" y la "expresión de la dignidad popular" que reacciona restituyendo los valores tradicionales de la solidaridad[13]. Un dato de discrepancia frente a las afirmaciones de M. Kabunda es que siendo una economía de pobres, resulta insuficiente por sí sola para sortear las penurias de la pobreza. Además, la importancia de esta economía en el conjunto de la sociedad es el reflejo del nivel de subdesarrollo del país. Porque una de las características de las economías atrasadas es la marginacion de ciertos sectores ante los mecanismos del mercado. Son sectores que no obedecen a las reglas del mercado capitalista. En la medida que se va avanzando hacia el desarrollo, estas bolsas de economía informal van aflorando y ajustándose a las estructuras de un mercado transparente.

7.- Pobreza

El hambre y la miseria en África y en el conjunto de los países pobres, durante las últimas décadas, han originado diversos debates sobre su origen y posibles soluciones, siempre a partir de los esquemas occidentales.

Con el paso del tiempo los desequilibrios del sur, como consecuencia del modelo desigual forjado desde occidente, amenazan los equilibrios del norte. La apertura de las fronteras y el impacto que a través de los medios de comunicación causa la realidad de los desfavorecidos ha generado dos efectos: a) acentuar el interés de los pobres por cruzar hacia la otra orilla del desarrollo y b) que los grupos de presión social del viejo mundo exijan un reparto más equilibrado de la riqueza mundial. Juan Pablo II durante la Cumbre Mundial sobre Alimentación, organizada en Roma del 13 al 17 de noviembre de 1996 en su declaración final hizo un llamamiento sobre la necesidad de que los países en vías de desarrollo dispongan de alimentos suficientes por razones de paz. Estas movilizaciones han permitido que las carencias del sur se tengan en cuenta en el norte como una preocupación de todos cuya solución requiere un esfuerzo común. Una responsabilidad que pesa sobre los propios países subdesarrollados llamados a construir su futuro mediante políticas de administración participativa y eficiente de sus recursos a partir de sus posibilidades internas. Los países del primer mundo, que han delegado gran parte de su responsabilidad a las ONGs, deberían coordinar sus esfuerzos hacia el origen del problema.

Las Organizaciones No Gubernamentales difícilmente podrán dar una respuesta definitiva a un problema que requiere algo más que canalizar recursos de la Unión Europea hacia África. Porque en la mayoría de los casos el componente fundamental para la aprobación de un proyecto de una ONG es más bien técnico. Los proyectos se evalúan positiva o negativamente sobre la base de unos criterios más o menos contables a partir de un formato cuya cumplimentación no requiere necesariamente un trabajo de campo previo. De esta forma diversos proyectos se elaboran a varios miles de millas del lugar donde deben ser implementados y, en algunos casos, nunca se materializan. La proliferación de esta nueva industria de empleo y la picaresca de algunas personas, tanto en el origen como en el destino, que explotan en beneficio propio las desgracias de los más necesitados, cuestiona la buena intención y la efectividad de algunas de estas organizaciones para mitigar las calamidades de los países en desarrollo. A pesar de que muchas de ellas están desempeñando funciones loables de asistencia, el alto porcentaje de proyectos fracasados de estas organizaciones y el que estos países sigan estancados revela su escasa capacidad de resolver el problema, si bien pueden ayudar a suavizar momentáneamente las penurias de una región concreta. Son organizaciones que no tienen una visión global sobre las necesidades de un país. De ahí que sus intervenciones sean regionales circunstanciales y temporales. Además sus actuaciones mayoritariamente están condicionadas por sus fuentes de financiación marginando el concurso de la sociedad a la que van dirigidas sus actuaciones.

El vocablo pobreza se ha asociado tradicionalmente al ámbito de la unidad familiar. Dudly Jackson, para quien un mal funcionamiento social es la causa de la pobreza, la considera como la conjunción de la miseria y la privación; es decir, la ausencia de alimentos junto a la insatisfacción de las deficiencias sanitarias, vivienda, educación...[14]. Esta definición presenta varias dificultades de asimilación en términos universales, como señalé al comienzo de este trabajo. Porque, aun cuando la necesidad de alimentarse es universal y se satisface con flujos de alimentos cualquiera que sea la sociedad y su nivel de organización, hay otras necesidades cuya satisfacción y grado de importancia dependen de ciertas variables (culturales, sociales, religiosas, organización social etc.,) que condicionan el tipo de servicios necesarios para su satisfacción y, por lo tanto, su definición.

La visión economicista de Dudly Jackson, también asumida por organismos internacionales, olvida otras insatisfacciones que definen el grado de pobreza del ser humano. La exclusión social, violación de los derechos de la persona o la falta de afecto son algunas de ellas. La crítica que hace Gilles Séraphin a esta definición es que estos criterios clásicos sobre la pobreza basados en la satisfacción de las necesidades llamadas esenciales, y que responden al estilo de vida occidental, sólo "permite imponerlos simbólicamente en el imaginario de otras sociedades". Por ejemplo en las lenguas africanas difícilmente encontramos un término que relacione la pobreza con elementos económicos. Por esta razón, G. Séraphin considera que "este análisis criteriológico de la pobreza es insuficiente para enfocar un fenómeno tan complejo en sus causas. Y las políticas contra la pobreza basadas en tal diagnóstico corren el riesgo de empeorar el problema en vez de resolverlo"[15]. La solución del problema requiere en primer lugar adoptar una actitud de consenso en lo que se entiende por pobreza, cuáles son sus elementos causantes y, posteriormente, proponer soluciones universales. De otra manera las recetas deberán adaptarse a la visión regional que la padece.

Este concepto tradicional de entender la pobreza experimenta un cambio importante a partir de la contribución de Amartya K.Sen con su obra *Poverty and Famines. An Essay on Entitlement and Deprivaton*. Para Sen las hambrunas tiene poco que ver con la escasez de alimentos y mucho con los factores económicos y sociales. "La privación, afirma Sen, no siempre se debe a catástrofes naturales, sino muchas veces son las estructuras de derechos de una sociedad las que limitan la capacidad de las personas para acceder a los bienes"[16]. La falta de libertades es, según Sen, la causante de las hambrunas que padecen los países pobres porque éstas, difícilmente se producen cuando hay libertades políticas. "Una prensa independiente, concluye, crea un estado de opinión que hace impensable que los Gobiernos no se muevan ante el gravísimo problema como es el hambre[17]". La teoría de las titularidades del alimento de Amartya Sen permitirá asociar el problema del hambre con la dificultad de acceder a los alimentos que tiene una persona o familia, y no como la falta de alimento de hasta ahora.

A partir de estas aportaciones el análisis de la pobreza también deja de ser una cuestión reducida a términos económicos y pasa a ser contemplada desde la funcionalidad de la persona. La capacidad o incapacidad de una persona de poder decidir y hacerlo en función de sus intereses determinará su nivel de pobreza. En este contexto el desarrollo de cada país debe ser impulsado por su población y para ello no ha de estar supeditado al crecimiento económico sino orientado hacia su "enpowermenet".

7.1.-El origen del hambre africana.

En todo caso, el hambre que padecen muchos países de África no es fruto de un desastre puntual. Varios factores (externos e internos) que, como se ha venido analizando y sobre las que no quiero reincidir, se han ido alimentando con el tiempo. Varios países del continente africano, potencialmente autosuficiente, dependen cada vez más de la ayuda alimentaria extranjera. La autosuficiencia africana hasta la década de los sesenta en poco menos de cuarenta años se ha ido convirtiendo en dependencia alimentaria. Se trata de una ayuda que, además de la dependencia que ocasiona, representa por otra parte un cambio cultural y una distorsión en los hábitos de consumo para la población que la recibe.

Esta insuficiencia alimentaria, para algunos, tiene mucho que ver con el atraso económico que padece el continente africano. Un atraso que, como afirma Samin Amin, tiene su origen profundo en el hecho de que el continente en su conjunto aún no ha iniciado lo que se puede llamar "la revolución agrícola"[18]. Pero no es ésta la única causa. La camerunesa Axell Kabon o el marfileño Daniel Etounga Mengelle que propungan un ajuste cultural para cambiar la mentalidad africana, consideran que la explicación del subdesarrollo africano habría que encontrarla no tan sólo en la falta de recursos naturales ni de capital sino, y, sobre todo, en la mentalidad africana.

Volviendo sobre la reflexión de Amín, una de las razones de ese atraso es el proceso colonial que se encargó de modificar los hábitos de cultivo africanos, que hasta entonces eran de subsistencia rotativa. La ocupación occidental no permitió la formación de una burguesía rural africana. Implantó sus métodos de producción masivos y el africano se vio relegado a trabajar tierras marginales, pues las más fértiles, y cada vez en mayor cantidad, fueron destinadas a cultivar las materias primas que necesitaba el mercado europeo. Para atender a la intensa explotación de productos agrícolas para la exportación se necesitó mayor extensión de tierras y utilizó abonos poco adecuados a las características del suelo africano, generalmente pobre en materias orgánicas y arcillas.

El monocultivismo, diseñado por y para los intereses extranjeros desde 1910, se traduce en dependencia del desarrollo económico africano de unos pocos productos, dependencia alimentaria extranjera y degradación de los suelos. Los defensores de esta política sostienen que la misma presenta ciertas ventajas pues permite disminuir el precio de los artículos de consumo más importados para las capas sociales más pobres y disminuye el hambre y la pobreza mediante el aumento de la oferta durante el periodo de crisis. Hay que rebatir estas teóricas ventajas porque la tendencia a bajar los precios de los productos locales es más una desventaja que ventaja pues acaba desalentando a los productores, que encontrarán muy pronto la motivación para abandonar el campo.

Esta organización productiva que sólo utilizaba a la población local como mera mano de obra bruta facilitó la emigración masiva del campo a las ciudades. La acelerada urbanización de las ciudades desequilibró aún más la relación "población residente-precaria infraestructura disponible" traduciéndose en insuficiencia de servicio sanitario, escuelas, agua potable, falta de empleo y la escasez de alimentos. Esta política agrícola, continuada tras la independencia, impide la producción de alimentos suficientes para la demanda urbana.

Las recomendaciones del FMI y del Banco Mundial a favor de una política de exportación de los productos primarios con el fin de mitigar el peso de la deuda han supuesto un freno para las inversiones productivas de a largo plazo. En estas circunstancias cabe preguntarse si la satisfacción de las necesidades diarias de África debe depender de la ayuda exterior y en qué medida el mundo desarrollado se siente más o tan comprometido con el hambriento de Sudán que con el de los países Bajos, por ejemplo. Porque si así fuera, en todo caso, el problema del hambre - que debería tratarse dentro del programa integral de desarrollo del país en cuestión - se debe combatir fundamentalmente con productos de la misma región; es decir ayudar a Gabón, por ejemplo, con productos camerunenses. Se trata de una política basada en la creación y fortalecimiento de cooperativas agropecuarias en aquellas regiones africanas con condiciones favorables y canalizar esa producción hacia regiones o Estados también africanos con insuficiencias. Con una actuación de este tipo, cuanto menos, se consiguen efectos favorables tales como: no variar la cultura alimenticia del país receptor, generar empleo en el país productor, crear una base de un futuro comercio entre ambos países, reducir los costes de transportes etc.

La política llevada a cabo por los grandes donantes (UE y EEUU) podría interpretarse como una manera de deshacerse de sus excedentes y de mantener los empleos subvencionados de su agricultura.

8.-Conclusión:

La visión catastrofista y primitiva que se tiene de África data de muchos años. Hegel llegó a sentenciar que se trata de un continente primitivo y carente de historia hasta la llegada del colonizador blanco. A partir de aquí múltiples estereotipos se han utilizado (y se siguen utilizando) para encasillar a África y a su población como "inferiores" lo que les ha hecho merecedores de castigos e indulgencias alternativas; pero también les ha privado de reclamar justicia contra los espantos que viene padeciendo.

África, que hasta 1444 vivía su propia evolución en paz, debe hacer frente a muchas adversidades externas que se inician con la esclavitud. Un espeluznante comercio llevado por Occidente, del que África reclama una compensación o al menos reconocimiento, y que contó con la impunidad del resto de la humanidad, frente a la cual África nada podía hacer más que lo que hizo. Es decir, enfrentarse a la adversidad e intentar sobrevivir.

Posteriormente, con la abolición de la trata de negros, la colonización vino a suplir el vacío dejado por la esclavitud. Los acontecimientos vividos en occidente, los cambios en los modos de producción y el nacimiento de los nuevos estados-nación, marcaron el inicio de la colonización. La acumulación del capital permitió dinamizar la actividad productiva y comercial occidental. Las necesidades de incrementar el beneficio de estos capitales marcan el comienzo de las conquistas de las tierras del Sur. África, que no se había repuesto de la derrota infringida por el sistema esclavista, tuvo que hacer frente a este nuevo sistema de agresión[19]. Diversos acontecimientos contribuyeron a alentar el ánimo africano en su larga lucha por la independencia. Fundamentalmente tres: la Carta de Atlántico suscrita entre Churchil y Roosvelt (1941), por la que reconoce el derecho de los pueblos a regir sus destinos; el nuevo orden mundial, tras la Segunda Guerra Mundial, con la creación de la ONU (1949); y la Conferencia de Naciones No Alineadas en Bandung-Indonesia (1955), por la que se insta la abolición del colonialismo en todas sus manifestaciones. La independencia de Ghana (1959) marca el inicio de este largo proceso en África.

Sin embargo, a pesar de las teóricas independencias africanas, los occidentales no renunciaron a las ventajas comerciales de los territorios, que a la postre se convirtieron en mercados internos de las correspondientes metrópoli. De esta forma las relaciones de pillaje establecidas desde la ocupación colonial tienen su continuidad pese a las independencias. Este clima de saqueo ha dotado a África de vulnerables estados donde el dictador, siempre al servicio de la nación que lo ampara, no dudaría en ejercer su poder contra su pueblo.

La subordinación de los gobiernos africanos a los designios occidentales, desde donde recibirán las regalías necesarias para alimentar el clientelismo y atesorar el excedente en el extranjero, entorpece la articulación de un modelo de organización autónomo. Los gobiernos occidentales, que han consolidado su modelo de convivencia y pretenden exportarlo hacia los demás pueblos, cuanto menos deben predicar con el ejemplo. Porque desde el Sur del Sur no se entiende que ciertos dirigentes occidentales defiendan la libertad dentro de sus fronteras al tiempo que cooperan y salvaguardan los intereses de la tiranía africana. En este sentido las democracias occidentales guardan similitudes con las dictaduras africanas[20].

Curiosamente para occidente ciertos gobiernos africanos han dejado de ser tiranos o, dicho de manera suave, están avanzando hacia la democracia porque favorecen más que nunca sus intereses económicos. A estos gobiernos habría que recordarles su propio discurso. "No hay espacio para la barbarie" o ser pacifistas para unos y belicistas para otros. En este nuevo mundo, los intransigentes sobran. No importa que sean del Norte o del Sur, ni que sus intolerancias perturben la armonía de éstos o aquéllos o salvaguarden los beneficios económicos de éstos y sacrifiquen las libertades de los otros. Todos los terrorismos (incluido el de estado) deben llevarse a su término. Las dictaduras africanas lo son y se deben combatir también, y sobre todo, con el concurso y entereza de los gobiernos occidentales. Este ejercicio de coherencia no sólo permitirá reforzar la creencia sobre los modelos occidentales, también animará a los escépticos a tomarlos como referencia en el nuevo mundo global.

NOTAS.
PRIMERA PARTE:

1.- Kwame Nkrumah es y será recordado como aquel africanista que soñó y luchó por una África libre política y económicamente. Y, quizás, como el padre de la independencia africana. "Una vez que Ghana logre su independencia orientaré mis esfuerzos hacia la liberación y unidad del resto de Africa" (ver *África Subsahariana y Occidente: historia de una dependencia,* Ed. Carena pág. 41 y siguientes). Con esta obsesión mientras pudo trabajó y a pesar de que parte de ese ideal no ha sido cumplido, es recogido por los africanistas preocupados por el desarrollo genuino de África.

2.- Ver *Guinea Ecuatorial: de la esclavitud colonial a la dictadura nguemista* pág 69. De Muakuku Rondo Igambo, Fernando. Ed. Carena.

3.- Wole Soyinka, nigeriano, premio Nobel de Literatura, es una de las voces más autorizadas que, por la problemática étnico-religiosa de su país, defiende otro modelo de reagrupación de estados africanos como receta a sus interminables luchas territoriales.

4.- Ver *África que viene* pág. 82. Ed. Intermón (1994).

5.- Ver *África que viene* pág. 269 y siguientes. Ed. Intermón (1999).

6.- Nkukuma-Ndjoe términos de la lengua Fang (Guinea Ecuatorial) es acuñado a esa figura símbolo de poderes absolutos. Algo así como la divinidad por encima de la cual nada más existe.

7.- Ver informe de la Cátedra UNESCO sobre Paz y Derechos Humanos (1998).

8.-La Región de los Grandes Lagos concentra la mayor inversión minera de África: en el Alto Congo la AFDL controla una explotación de oro con más de 83.000 kilómetros cuadrados. En Kasai Oriental la sociedad Minière de Bakwanga controla más de la cuarta parte de la producción de diamantes de este país. En Shaba-Katanga Franco-Belga controla la producción de cobalto congolés, la empresa Gécamines hace lo mismo con el cobre, aunque tenga que competir con la canadiense Consolidated Eurocan Ventures por el control absoluto. La australiana (Anvil Mining) se ha parcelado en el zinc. En Kivu la sociedad francesa Empain- Schneider tiene el control del oro de esta zona.

9.- Mbuyi Kabunda tiene desarrollado un amplio estudio sobre el socialismo africano que puede consultarse en su trabajo sobre *Las ideologías unitaristas y desarrolistas en África* pág. 80 y siguientes). Ed. Acidalia. Barcelona.

10.-El "Ujamaa" es una terminología que procede del Swahili (una de las lenguas más habladas de África) cuya traducción literal sería familia, aunque el sentido por el que se diseña este socialismo es de responder a una solidaridad familiar. La gran familia Tanzana.

11.-Kwame Nkrumah siempre defendió la federación africana, a través de la unidad de los estados, para que desde ahí se alcance la expansión social y económica autóctona. Conservar la herencia colonial sólo conducirá hacia mayor dependencia y miseria. Para mayor documentación ver *África Subsahariana: Historia de una dependencia* de Muakuku Rondo.Ed Carena.(pág.34-36).

12.-Ver *Las ideologías unitaristas y desarrollistas en África* Mbuyi Kabunda Badi. Ed. Acidalia (1997).

13.- El razonamiento de Mbuyi K. Badi en esta materia lo encontraremos en *África que viene* (pg 70-79). Ed. Intermón (1999).

14.- Ver *Análisis económico de la pobreza*. Dudly Jackson (pg.13-15) Ed. Vicens-Vives.

15.- Ver Jean Latouche. *L' autre Afrique. Entre don et marché*. París, 1998.

16.- *Bienestar, justicia y mercado* (pág. 11) Amartya K. Sen. Ed. Paidós (1998).

17.-Para Amartya Sen el desarrollo exige la eliminación de las principales fuentes de privación de la persona. En su obra (*Desarrollo y libertad*, Ed. Planeta) el premio Nobel de economía 1998 expone un rosario de contundentes argumentos que rompen con la respuesta tradicional de la pobreza.

18.- Ver *El fracaso del desarrollo en África y en el tercer mundo* (pág 11). Ed. Iepala.

19.- Inongo Vi Makome hace un amplio desarrollo de las que considera las tres grandes derrotas africanas. Primitivismo, esclavitud y la colonización. Ver su obra *La inmigración negroafricana: tragedia y esperanza* pág 21-27. Ed. Carena.

20.- Me refiero a que, si tomamos el mundo en su dimensión global, las democracias occidentales mientras sigan cooperando para perpetuar la tiranía africana y sólo para garantizar su ratería, su condición de demócrata queda en entredicho. Porque es la misma posición que defienden los autócratas africanos y su entorno afín que, por la cuenta que les trae, desoirán los llantos de los oprimidos. Las democracias occidentales, por su parte, que aseguran todo sistema de libertades y servicios sociales para su población más próxima mientras sus gobiernos (siempre en este escenario global) desatienden el llanto del pueblo africano contribuyendo a mantener el absolutismo en África desde el espejo también son corresponsables de las dictaduras.

SEGUNDA PARTE:

DESARROLLO
Y
COOPERACIÓN

1.- Desarrollo

La historia de la humanidad se ha caracterizado por la búsqueda de la superación. Las naciones se han esforzado, y seguirán haciéndolo, guiadas por el deseo de garantizar a los suyos mejores condiciones de vida. Pero el ansia de superación es infinita, cuando cubrimos una etapa, ya ha nacido otro reto mayor. Este insaciable caminar hacia el infinito, que tiene como marco de referencia los avances de las sociedades vecinas, es lo que comúnmente se denomina desarrollo. El nivel de realizaciones determinará el que unos se encuentren en una u otra orilla del desarrollo.

Estas realizaciones, a su vez, como quiera que no son variables estáticas sino que dependen de esa búsqueda inagotable por la superación del hombre, irán experimentando cambios cualitativos y cuantitativos en su definición. Así que, con el paso del tiempo, la línea divisoria entre los dos mundos marcada pos las Naciones Unidas (1947) ha ido quedando en desuso si no se complementa con otras variables. Pero además, teniendo en cuenta que no todo movimiento es desarrollo ni todo desarrollo es perfeccionamiento, ni la disponibilidad de los recursos ni el ingenio de los hombres es uniforme, la carrera por el grado de realizaciones evolucionará de diferente manera en cada sociedad. Tampoco es idéntica la valoración o nivel de satisfacción que cada individuo otorga a esas conquistas, de aquí que resulte complicado determinar con precisión la línea o los parámetros (realizaciones) que determinan cuándo un país en su conjunto deja de ser subdesarrollado o simplemente qué es el subdesarrollo.

Más allá de la propia separación entre ricos y pobres las Naciones Unidas, con esta selección, acababan de sentenciar la evolución de los pueblos "subdesarrollados". Si el desarrollo es un proceso evolutivo, resulta absurdo ignorar la evolución que han ido experimentando todos los pueblos. La propia dinámica de los seres humanos así lo impone, cosa diferente es la velocidad con la que se produce en cada pueblo o región. El concepto de subdesarrollo genera la marginación, la dependencia y obliga a las naciones del Sur a aceptar el pensamiento único occidental. El séptimo de caballería será el encargado de hacer cumplir el mandato. Para las naciones del Norte (cuyo nivel de desarrollo es diferente) la búsqueda de ese horizonte imaginario se reduce en la lucha competitiva basada en sus propias capacitaciones. Sin embargo, para el Sur el camino a seguir queda impuesto desde fuera.

La ausencia de consenso y, sobre todo, la evolución histórica no permite fijar hoy unos parámetros universales que midan estos logros o metas. Pues el tablero de juego lo polarizan, por una parte los todavía defensores del paradigma tradicional del desarrollo y por otra sus detractores. Durante décadas, el etnocentrismo ha asociado el desarrollo con una forma de organización social próspera a la que se llega a partir de un proceso tecnológico. De esta manera, el desarrollo se entiende como un proceso continuo de nuevos inventos de artefactos que dan vida al capitalismo. Para éstos el desarrollo no es otra cosa que un proceso de crecimiento cíclico del sistema capitalista también asociado con unas formas de vida civilizada. A partir de esta afirmación, a los países primitivos se les debe cambiar sus estructuras socio-culturales y, con una mayor aplicación tecnológica, conseguirán tarde o temprano el anhelado progreso. Esta concepción se asumió como dogma de fe.

Otra cuestión es la de precisar la utilidad que el desarrollo le proporciona a una nación (definido éste en términos genéricos) teniendo en cuenta que el mismo supone rechazar unas preferencias en beneficio de otras. Dicho de otro modo, se trata de determinar cuáles son las realizaciones y en qué medida deben darse para que el desarrollo de una nación garantice la felicidad de sus conciudadanos. Pero el desarrollo definido con estos parámetros no garantiza la felicidad del hombre. El discurso tradicional, ya obsoleto, ha asociado el desarrollo con aquellas realizaciones susceptibles de valoración económica. Pero las riquezas de las naciones en modo alguno garantizan por sí mismas el nivel de bienestar de su población, por lo que el desarrollo debe referirse a las personas.

Amartya Sen sostiene que "alguien puede vivir en condiciones que bajo cualquier criterio podrían considerarse de miseria, sin embargo ser una persona feliz o satisfecha en la medida en que se ha adaptado a sus circunstancias y tiene un espíritu animoso capaz de sacar provecho de las cosas mínimas de la vida"[1]. Por su parte Arthur Lewis, para quien el desarrollo no es sinónimo de felicidad, más bien se decanta por valorar las ventajas y desventajas que proporciona el desarrollo. A su entender la ventaja principal de los países desarrollados sobre los atrasados no estriba en que al aumentar la riqueza de las naciones aumente también la felicidad de sus habitantes; más bien reside en el hecho comprobado de que el bienestar amplía las posibilidades humanas de elección.

Las diversas definiciones de desarrollo son consecuencia de que sus grandes objetivos (eliminación de la pobreza, aumento de la renta per cápita, modernización de las instituciones o sencillamente mayor participación económica y social) están cargados de juicios de valor subjetivos. Además, estamos ante un término que va evolucionando según los logros del mundo desarrollado. Si en 1947, por decisión de las Naciones Unidas, era el PIB/Per cápita, todos aquellos países con renta superior a 230 dólares pasaron a llamarse desarrollados con todos los privilegios y en la frontera marginal los subdesarrollados, hoy este término ha evolucionado y seguirá haciéndolo sobre la base de las conquistas tecnológicas y sociales del primer mundo. De este modo muy pronto Internet o la tecnología espacial serán las variables que marquen el punto de inflexión y así hasta llegar a una meta constantemente rediseñada cuyo horizonte se dibuja desde la alta sociedad de consumo. Con este dinámica conceptual los países subdesarrollados podrían estar condenados a llamarse así, ante las múltiples dificultades por seguir la rueda en esta carrera llena de constantes cambios de ritmo.

Esta corriente empieza a resquebrajarse a partir de los años 70. Los retrocesos experimentados por los países subdesarrollados en todos los indicadores económicos y sociales, a pesar de haberse disciplinado en las recomendaciones del "gran hermano", son los principales argumentos esgrimidos por los detractores de la idea de una producción brutal como la herramienta más adecuada para combatir la pobreza y las desigualdades. Desde entonces diversos críticos empiezan a cuestionarse incluso este modelo de organización etnocéntrico occidental. La cultura autóctona, que hasta entonces era uno de los grandes obstáculos para el desarrollo, según la teoría de la modernización, empieza a ser tenida en cuenta en la construcción de una teoría de desarrollo alternativa a la tradicional[2]. Un modelo de desarrollo que descanse sobre la base de fomentar las capacidades humanas, en un marco de *empo-*

deramiento, sin poner en peligro el equilibro de las futuras generaciones, es hoy por hoy la corriente comúnmente aceptada para una mejor redistribución de la riqueza mundial.

En cualquier caso los economistas, en general, han asociado el desarrollo a toda acción encaminada a la explotación óptima de todos los recursos, económicos y humanos, disponibles en un territorio. Un proceso mediante el cual un país incrementa su capacidad de producir y disponer de aquellos productos deseados por la sociedad. Se trata de una acción que debe ir acompañada de constantes cambios estructurales tanto políticos como económicos y sociales que en sociedades primitivas supondrá un cambio en la contribución de la agricultura hacia una mayor industrialización.

1.1.-Crecimiento económico

El desarrollo visto desde el punto de vista del paradigma tradicional supone la conjunción de tres elementos: progreso, modernidad y bienestar. Los dos primeros son magnitudes económicas (por tanto cuantificables) mientras el tercero presenta grandes inconvenientes que lo dejan fuera de valoraciones monetarias. Del carácter relativo del término desarrollo se deriva también la necesidad de medir aquello que se pretende comparar, a través de unas teorías que definen no sólo los objetivos sino también el proceso a seguir así como las dificultades que deben ser superadas, para conocer el nivel de actividad de ese país. Es aquí donde crecimiento y desarrollo económico tienden a utilizarse de manera indistinta. En cualquier caso el término crecimiento significa el aumento de la renta per cápita a largo plazo obtenido a través de un proceso acumulativo como consecuencia de una mejora en la utilización de los factores productivos.

Los anglosajones utilizan los términos growth y development para referirse, respectivamente, al desarrollo que se produce en las economías maduras por una parte y al de las economías atrasadas por otra. En los países atrasados este término se plantea comúnmente en términos de industrialización acelerada ya que ésta es la actividad que proporciona la máxima elevación de la renta por habitante.

1.2.- El reto del desarrollo africano

Dejando al margen la imprecisión del término, existe una coincidencia sobre la necesidad de encontrar fórmulas para el desarrollo africano. Aunque hay dos cuestiones que rompen esta unanimidad: a) ¿Sobre quién recae la mayor responsabilidad? y b) ¿Cuáles son las variables sobre las que se tiene que incidir para generar el efecto arranque?.

Con respecto de la primera cuestión se generaliza más la opinión de que son los propios países interesados los que deben tomar la responsabilidad de desarrollarse a sí mismos. El informe sobre Estrategia Internacional del Desarrollo de las Naciones Unidad (1982) recomienda a cada país en desarrollo el deber de determinar sus propias metas y prioridades. La puesta en marcha de un programa de desarrollo ajustado a las necesidades de cada país no debe ser diseñada desde fuera al margen de la realidad interna. En todo caso, parece evidente que África está en condiciones de echar a andar desde dentro y no en función de cualquier recomendación y condicionamiento exterior. África dispone de un activo -nuestra garantía afirman algunos- que le permite reducir la dependencia del exterior. En estos términos se refieren varios africanistas como Etienne-Richard Mbaya cuando defienden que si se quiere tratar los problemas africanos, las soluciones internas son preferibles a las extranjeras.

Los escasos resultados de la cooperación durante las cuatro décadas de independencia avalan esta afirmación. La necesidad de fortalecer iniciativas internas es la alternativa. Su puesta en marcha a partir de programas de integración regional debe ser el camino a seguir. Dicha integración es la estrategia que permitirá a los países miembros crear un mercado amplio donde sea posible el incremento de las unidades de producción, de consumo, aumento de los movimientos de capitales, fomento del intercambio de conocimientos, etc.

La posibilidad de hacer una política independiente es un bien cada vez más escaso en un mundo globalizado. La integración no está libre de dificultades ya que a las deficiencias técnicas hay que añadir los inconvenientes políticos derivados de las rivalidades nacionales. No es una utopía la superación de estas barreras y la puesta en funcionamiento de un programa interno, coherente y adaptado a las capacidades de los países. Es una labor que exige un compromiso por parte de los dirigentes y ciudadanos africanos. El programa se debe materializar en acuerdos que hagan posible la construcción conjunta de infraestructuras de comunicación y transporte entre estados y fortalecer un mercado interior con la creación de sectores productivos para las necesidades internas. Este programa ha de empezar aplicándose entre países fronterizos. Es más viable y práctico. No es posible entrar en la órbita de la mundialización o, al menos, de un comercio activo entre regiones, si previamente no se asegura una fluidez en comunicaciones y transportes.

Sobre la segunda cuestión, es decir, ¿cuáles son las variables sobre las que se tiene que incidir para generar el efecto arranque? nos encontramos, para empezar, con aquellos teóricos que apoyan un desarrollo africano basado en su potencial agrícola frente a una intensa actividad industrial. Este debate se inicia con las teorías defendidas por los economistas clásicos para los que la especialización en la producción de materias primas deberá ser el camino a seguir por los países subdesarrollados ya que la exportación de los mismos les permitirá financiar su crecimiento. Los críticos de esta teoría, sin embargo, identificamos el desarrollo con la industrialización ordenada. La industrialización, y no la agricultura de exportación, a través de un proceso acumulativo de capital, debe ser la base sobre la que han de apoyarse los países africanos para crecer, pero también para franquear los obstáculos del mercado mundial. De todas formas la discusión de una opción sobre la otra resulta estéril si no se tienen en cuenta previamente los recursos, las capacidades y prioridades de cada país. Es más, ambas alternativas no son excluyentes. Por eso lo más relevante es conocer las peculiaridades y limitaciones generales, a partir de aquí, adaptarlas a las posibilidades de cada país.

Se trata de dos opciones no exentas de inconvenientes. La actividad agrícola está condicionada por el clima, tipo de suelo, técnicas de cultivo y de aprovechamiento, agotamiento de suelo, posibles desastres naturales, formas de propiedad etc. Estos factores marcan sus limitaciones y explican el por qué con el mismo gasto económico y/o social no se pueden asegurar los mismos resultados. La superación de estas limitaciones requiere de unas reformas agrarias que permitan adecuar la economía agrícola a la estructura económica de la sociedad en cuestión. Es lo que comúnmente se ha dado en llamar desarrollo agrícola. Mediante estos cambios lo que se pretende es definir qué papel ha de jugar la economía agrícola en el conjunto del país[3].

A pesar de estos inconvenientes, queda fuera de toda discusión el papel que en la actualidad juega la agricultura en el mantenimiento de muchos países subdesarrollados. Sus partidarios la defienden porque de su producción se obtienen las divisas para atender los compromisos exteriores y financiar las carencias locales. Su aportación será decisiva en la creación de medios materiales y en construcción del mercado nacional en la primera fase de su industrialización. Garantizará una cantidad de alimentos suficiente para la demanda de una población cada vez más creciente. En la medida en que se vaya consolidando la industrialización, se irá produciendo una disminución de la mano de obra agrícola, primero en términos relativos y más tarde en términos absolutos, en beneficio del sector industrial. Estos cambios estructurales deberán conformar el componente fundamental para el desarrollo.

La actividad industrial, por su parte, requiere una mayor inyección de capital. Para los países africanos, como en cualquier parte en que la mayoría de las capas de su población viven al límite de sus posibilidades de subsistencia, la reducida tasa de ahorro puede representar su mayor inconveniente. Para ello, lo normal es recurrir al mercado exterior en busca de financiación. Esta búsqueda, en todo caso, se debe llevar a cabo con criterios muy selectivos. Por esta razón, para los países de fuerte dependencia agrícola y escaso nivel industrial lo recomendable es apostar, no por una tecnología punta, sino que han de adecuar sus aspiraciones a una tecnología de segunda velocidad. Un modelo de desarrollo basado en una industrialización de alta tecnología requiere grandes inversiones cuyo coste podría acabar con los propios objetivos que se pretenden conseguir. Para que esta política de desarrollo industrial proporcione éxito debe de ajustarse a otras variables no económicas de esa sociedad. Se necesita también una adecuada organización institucional y un clima social que favorezca el fomento de las actividades productivas.

Otro aspecto de este disperso debate lo protagonizan aquellos que otorgan la prevalescencia del desarrollo económico sobre el social e incluso político. Una vez logrado el desarrollo económico, aseguran, los otros aspectos quedan resueltos. Otros, sin embargo, consideran que el desarrollo político es la pieza básica y anterior para un desarrollo integral. Para esta corriente de opinión el desarrollo es, sobre todo, político. Las fuerzas no económicas, y no las fuerzas económicas, son los motores primeros en el proceso del crecimiento. Sólo un poder fuerte, legítimo, organizado, con participación que reconozca la pluralidad multiétnica, puede producir cambios importantes en la sociedad. Estos autores parten del desarrollo democrático como la base sobre la que debe sustentarse el económico. A partir de aquí, se abre otro marco de discusión sobre el modelo político adecuado. En general se considera que las dictaduras no son un marco adecuado para el desarrollo económico, aunque haya contados casos de países como Chile que bajo este régimen emprendieron grandes proyectos de desarrollo.

Los liberales defienden sobre todo, y a partir del fracaso de las teorías socialistas en el Este de Europa (el "socialismo real"), al liberalismo como el menos malo. No porque esté exento de fallos sino porque, a pesar de ellos como los demás sistemas, permite una participación plural en lo político, económico y social. Pero para ello hace falta en primer lugar que exista un Estado fuerte, eficaz y aceptado por todos y no una dictadura intervencionista. Su Gobierno - como dice Manuel Fraga Iribarne -a la vez ha de ser, por encima de todo, un Gobierno. Es decir que goce de un grado suficiente de consensus de organización, de efectividad y de estabilidad[4].

Otros defienden el socialismo como la opción política que más se ajusta a la filosofía tribal africana. Esta opción (analizada en la primera parte de este trabajo) ha sido la más generalizada, sobre todo durante los primeros años de las independencias.

Ambas corrientes coinciden en reconocer que cualquier proceso político africano debe descansar sobre la pluralidad popular y étnica. "La democracia -decía Amartya Sen- no es un lujo en relación con el crecimiento económico, sino que mejora la eficiencia económica y el bienestar de la población"[5]. La falta de democracia real para las naciones africanas, aun siendo independientes políticamente, no les ha permitido, hasta ahora, ganar su independencia económica.

Un último punto de discusión es el que enfrenta a los que consideran que las condiciones sociales y culturales son las que determinan el desarrollo económico. Según ellos habría que actuar sobre la organización social y cultural para encender la mecha del desarrollo africano.

En cualquier caso, y sin querer abundar sobre la discusión, interesa reseñar que el proceso de desarrollo no debe ser tomado como meta en sí sino como medio por el cual las naciones facilitan a sus habitantes herramientas necesarias para atemperar sus necesidades ordinarias. Por eso, todo gobierno que asuma la responsabilidad de poner en marcha un proceso de desarrollo, debe señalar con claridad no sólo los diferentes factores que han de jugar un papel decisivo en el mismo, sino también las metas a conseguir en plazos cortos. Es decir, que el proyecto de desarrollo a largo plazo debe configurar un plan que integre las pequeñas y constantes realizaciones de a corto plazo. Se trata por tanto de ir superando barreras a corto y medio plazo que a su vez formen parte de un plan integral a largo plazo. En este largo caminar es fundamental asumir que la dinámica de desarrollo es un proceso evolutivo a largo plazo que representa aquella búsqueda por la satisfacción de las constantes y variables necesidades de la población. En este sentido, las reformas moderadas (políticas, económicas y sociales) se antojan imprescindibles para que esto sea viable. Los cambios radicales nunca logran buenos resultados, en consecuencia había que hacerlos poco a poco. Una política de selección de programas menos ambiciosos, que responda a la frase de *small is beautiful*, es la opción más razonable para ir logrando un crecimiento moderado y compatible con las posibilidades reales de cada sociedad.

También es imprescindible la selección cuidadosa de las fuentes de financiación, ayudas o cooperación que mejor se ajusten al modelo de desarrollo escogido. Este ejercicio debe partir de la convicción de que resulta difícil combinar una política de desarrollo pausado con las pretensiones de alcanzar unos niveles de realizaciones semejantes a las de los países occidentales. Resulta difícil renunciar a aquella opulencia alimentada a diario desde fuera, pero el éxito de esta propuesta está en compatibilizar este crecimiento progresivo sin crear una crisis social como consecuencia de limitar consumos opulentos de un sector minoritario pero con inagotable capacidad desestabilizadora.

2.- África y la división internacional del trabajo

En realidad el modelo internacional de reparto del trabajo se inicia con el proceso descolonizador y con una reorganización del sistema capitalista mundial. Las nuevas relaciones Centro-Periferias imponen a las ex-colonias unos requisitos de obligado cumplimiento.

En este contexto, el concepto de desarrollo occidental se prescribe a los antiguos territorios coloniales como vía para salir del subdesarrollo, pero hasta ahora sólo ha servido para satisfacer las carencias de los insumos occidentales. Para este fin se exporta una tecnología apta para la producción de materias primas deficitarias en los países ricos, pero inadecuada para África, porque, ni sus métodos de producción ni lo que se produce satisfacen sus necesidades básicas. Además se trata de una tecnología de difícil asimilación para el personal local, generalmente poco cualificado, y de un alto coste de mantenimiento para unas economías con escaso ahorro interno. Estos factores desaconsejan el uso de una tecnología intensa en capital que además, perjudica el empleo.

El ejercicio globalizador de Occidente no se preocupó de analizar la heterogeneidad de los factores que concurren entre los diferentes países africanos, esta receta general les impidió seguir la senda tradicional del desarrollo capitalista. En Occidente no se tiene en cuenta que los mecanismos de mercado que promovieron su desarrollo difícilmente podrían producir los mismos efectos en los países subdesarrollados de África porque las circunstancias son diferentes. El grado de estancamiento y de atraso de África hace que los riesgos de inversiones sean mucho más profundos.

La división internacional del trabajo, defendida en el Informe Berg, es, como afirma el Plan de Acción de Lagos (PAL), la causante en parte del atraso del tercer mundo. Mediante la misma los países ricos se reservan la industrialización que multiplica sus riquezas mientras que a los países subdesarrollados de África, América Latina y Asia les fue asignado el papel de abastecedores de materias primas, a cambio de una tecnología costosa e ineficiente, alimentos y, sobre todo, capital externo. La remuneración del mismo pasaba por impulsar un sistema productivo que garantizara su retorno. Una política de autosuficiencia basada en el abandono de los cultivos de exportación, se argumentó, sería costosa para la renta local. Cuando el informe Berg (pp 75-76) afirma que "si la búsqueda de la autosuficiencia alimentaria desvía recursos de los cultivos de exportación a favor de los cultivos de autoconsumo, la pérdida de ingresos de exportación puede saldarse con problemas en la balanza de pagos que podría comprometer el objetivo mismo de autosuficiencia", cabe concluir que su preocupación no es tanto por la autosuficiencia alimentaria de los países subdesarrollados sino que responde a la necesidad de asegurar para los países acreedores la provisión suficiente y barata de las materias primeras así como la recuperación del capital prestado con su correspondiente valor añadido.

2.1.-Un comercio desigual.

El reparto del trabajo dio fluidez productiva y comercial. También iba a significar establecer nuevas reglas comerciales entre las naciones y la creación de nuevos mecanismos de transacciones, donde las relaciones de dominación impondrían su ley.

La propensión a permutar una cosa por otra se remonta más allá de la era paleolítica, cuando el hombre era fundamentalmente cazador y recolector de frutos y plantas silvestres. La complejidad de las transacciones comerciales, como consecuencia de la evolución humana, hizo necesario adoptar medios de pago (dinero) capaces de responder a los nuevos retos. La coincidencia de deseos ha sido el elemento de equilibrio entre oferta y la demanda desde la era del trueque (a través del comercio silencioso) hasta hoy. Para los países periféricos este ajuste automático se rompe con la división internacional del trabajo. Desde entonces, al sur se le obliga a aceptar las condiciones del demandante quien fijará sus prioridades de compra y el precio de la transacción. Las propuestas liberalizadoras se encargarían de orientar su economía hacia el exterior.

Las economías africanas dependen, fundamentalmente, de pocos productos primarios cuyo grado de importancia en las importaciones occidentales se va reduciendo en la medida en que estos países van mejorado las técnicas de sustitución de los insumos provenientes del tercer mundo. Una mayor producción que iguale los ingresos necesarios para adquirir las mismas importaciones de productos occidentales con alto componente tecnológico, y cada vez más caros, acaban desalentando el esfuerzo de las unidades productivas locales. Es la consecuencia del llamado modelo extravertido de desarrollo y acumulación. Es decir: el desarrollo de África depende más del mercado exterior que de sus recursos. Es la demanda exterior la que determina las prioridades de producción y no la propia evolución interna.

Cuando un país atrasado entra en la órbita de comercializar con el exterior exportando parte de su riqueza, que tendrá que intercambiar con insuficiencias internas, debería hacerlo una vez aseguradas las condiciones mínimas internas. Una vez superadas las mismas este comercio pasivo poco a poco irá convirtiéndose en un factor importante y estímulo de desarrollo económico para la nación. Permitirá elevar la productividad del país, al eliminar la necesidad de producir todos los bienes y servicios dentro de la misma nación y/o región. Facilitará la división y la especialización entre los agricultores mejorando e incrementando el excedente agrario que será intercambiado con nuevas mercancías extranjeras. En definitiva, servirá de punto de apoyo para nuevos proyectos de desarrollo. Esto no ha sido así en África porque los mecanismos de producción agrícola son externos. Ellos determinarán a su conveniencia el camino a seguir.

En 1964 se crea la Conferencia Mundial sobre el Comercio y Desarrollo (UNTACD) y se proclama la soberanía permanente de los pueblos sobre sus riquezas. Para los países subdesarrollados este foro les permitirá reclamar un mayor control de sus recursos naturales, conscientes de su potencial como suministradores de las materias primas necesarias para el desarrollo de la industria occidental y como mercado consumidor de los excedentes de estos países. Todo parecía indicar que los países industrializados estaban dispuestos a conceder un trato justo a los países de la periferia. Cuatro años después, en su segunda sesión (Nueva Delhi), se constata la poca voluntad por parte de los países desarrollados por resolver el problema de las desigualdades comerciales. En la reunión de Nueva Delhi, se establece un principio, no vinculante, por el cual los países desarrollados deberían ayudar a los Países Menos Desarrollados (PMD) con un 0,75% de su PIB. Sin embargo la realidad es bien diferente. Mientras Dinamarca, Holanda, Suiza y Noruega, con 1.06%; 0.84%; 0.80%; 0.80% respectivamente son los países que más aportan en términos de esfuerzo, otros como EE.UU con 0.10%; Italia (0.13);Canadá (0.25); Alemania (0.27); Japón (0.28) Reino Unido (0.32) apenas alcanzan ni la mitad[6].

La misma suerte corrieron las conversaciones de la cumbre de Cancún (1981) y las propuestas incumplidas del Nuevo Orden Económico Internacional, aprobadas por la Asamblea General de las Naciones Unidas (junio de 1974). En total cuatro: la necesidad de apoyar el esfuerzo de desarrollo de los países pobres en todas las áreas de actividad; la exigencia de aumentar la participación de los PMD en la producción mundial, tanto agrícola como industrial; la posibilidad de modificar los patrones convencionales de evolución del comercio y de los flujos de tecnología, desde su orientación hegemónica Norte-Sur, a un intercambio más equilibrado; y la exigencia a todos los países de un juego limpio según la Carta de los Derechos y Deberes Económicos de los Estados. Todos estos incumplimientos vienen a confirmar el pesimismo pues a corto plazo no se perciben cambios sustanciales desde los países industrializados a favor del Tercer Mundo.

3.- Programas de Cooperación para el (sub)desarrollo africano.

Aunque el término desarrollo estaba en la agenda de los países africanos cuando acceden a la independencia, al carecer de programas específicos adaptables a sus realidades tuvieron que asumir modelos impuestos ampliamente enraizados en unas realidades diferentes. La dependencia económica heredada de la colonia y reforzada por el sistema de cooperación (establecido por los acuerdos de Bretton Woods), es la confirmación de la debilidad interna de África para regir su propio destino. Las deficiencias profesionales, tecnológicas y financieras unidas al estado de terror creado por los propios estadistas africanos, y que acabó amenazándolos y obligándolos a buscar refugio en las antiguas metrópolis, representaron el verdadero caldo de cultivo que no hizo sino confirmar la política occidental sobre África. Sobre esta base, y partiendo del principio de que los países atrasados deben industrializarse para su desarrollo, sólo había un camino: imitar modelos desarrollados.

A partir de entonces, África se ve hostigada con fórmulas diseñadas por expertos en cooperación y desarrollo que más bien han generado un efecto contrario y han acentuado la dependencia con el exterior. El fracaso del socialismo africano fue aprovechado desde el extranjero para ofrecer ayuda y protección. Aparecen manos invisibles que prometen financiación, recetas alternativas y sobre todo garantías de poder. El alto precio de esta cooperación era la eterna fidelidad, obediencia y obligatoriedad de exportación de los recursos naturales. Una cooperación diseñada con fines mercantilistas y motivaciones políticas que nada tienen que ver con las necesidades de los países receptores. El beneficio queda garantizado a la vez que los recursos de las ayudas se invierten desde el origen[7].

La escasa determinación africana la ha hecho presa de los mandatos del FMI y del Banco Mundial que, en definitiva, quiere decir de los países occidentales. Estos han aprovechado esta debilidad para acusar a los dirigentes africanos de corruptos e ineficaces para, acto seguido, implantar su ley. La cooperación para el desarrollo, lejos de entenderse como un mecanismo de colaboración entre regiones, se ha instituído como un elemento clave para la política exterior de los países del Norte. La pobreza, definida en términos occidentales, es la coartada que justifica el intervencionismo.

Las relaciones con la periferia se diseñan desde la cooperación no con el afán de que el sur forme parte del centro sino para perpetuar su posición. La cooperación, como parte del sistema, se justifica desde la existencia del subdesarrollo. Mientras exista pobreza habrá cooperación, dependencia y dominación.

El Banco Mundial, en su informe de 1992, "reconoce" que alrededor del 60% de sus proyectos en el continente africano no ha conseguido generar beneficios. Son proyectos llevados a cabo al margen de la realidad socio-cultural y económica de la región. El Proyecto de Desarrollo Agropecuario de Rwanda Mutura es uno de ellos. Un imponente plan que pretendía realojar a 9.000 familias (hutus y tutsis) en un terreno de 61.000 hectáreas, beneficiando más a los primeros que a los otros. El fracaso del mismo obedeció a que el plan no tuvo en cuenta las diferencias culturales y consideraciones políticas entre ellos.

3.1. Origen y destino de la cooperación con África

En realidad los acuerdos de cooperación de la Unión Europea y del África postcolonial parten de la necesidad de perpetuar los vínculos comerciales entre las antiguas metrópolis y los nuevos estados africanos. Con esta filosofía, cuando se firma el primer tratado de Roma, se acuerdan también los términos de la futura asociación. Negociaciones posteriores culminan con la firma de la primera convención de Lomé el 22 de enero de 1972[8]. Desde entonces la cooperación para el desarrollo de África pasa a ser el elemento que justifica la presencia Occidental en sus antiguas colonias. Una cooperación que, lejos de corregir las insuficiencias del sector motor del desarrollo, ha venido a competir deslealmente con el exiguo sector privado. La dependencia africana de esta cooperación ha perjudicado la capacitación interna. Una dificultad añadida la constituye la propia filosofía de los proyectos de dicha cooperación que asienta sus preferencias sobre los mandatos del país donante o sobre los de una administración local pero rara vez orientada hacia la sostenibilidad de las bases que puede estimular el desarrollo general.

La cooperación económica y comercial instituida a partir del Primer Convenio de Lomé establece un régimen de preferencias comerciales mediante el cual los productos del grupo ACP (África, Caribe y Pacífico) tendrán acceso en el mercado europeo siempre que no entren en colisión con los productos sujetos a la política agrícola de la comunidad europea, sin hacer mención a una cláusula recíproca. También hacía mención de la necesidad de fomentar los intercambios comerciales mediante un sistema de franquicias de derechos arancelarios, para aquellos países que entrasen en el mercado europeo. A tal fin se creó el sistema "Stabex" para compensar la caída de ingresos de ciertos productos agrícolas con mucha incidencia en la generación de divisas. En el segundo convenio se instituyó el sistema "Sysmin" para los productos mineros, con funcionamiento similar al Stabex. El cuarto y último convenio de Lomé IV expiró el 29 de febrero de 2000, y el 23 de junio del mismo año se firmó un nuevo Acuerdo de Asociación en Cotonú, capital de Benín, con vigencia hasta 2008. Dicho acuerdo introduce una serie de modificaciones, entre ellas se eliminaron los sistemas Stabex y Sysmin. Por otra parte, los Fondos Europeos de Desarrollo (FED), principal instrumento de la ayuda comunitaria al grupo, se canalizarán mediante dos instrumentos: a) subvenciones y b) capitales de riesgo y préstamos al sector privado.

En definitiva, esta política ha resultado ser una perfecta estrategia comercial para los países desarrollados. Es el otro modelo de comercio triangular mediante el cual los capitales que salen de las Instituciones Financieras de los países desarrollados son recibidos en África. Con estos recursos se adquieren armas, alimentos y una costosa tecnología cuyo pago queda garantizado por dichas instituciones. De esta manera, el capital Occidental que llega a África y adquiere un valor añadido retorna inmediatamente a su origen.

Para que la cooperación sea eficaz debe ajustarse tanto al concepto de desarrollo como a las circunstancias del entorno en cuestión. Lejos de esta filosofía, los esfuerzos de la cooperación para África han perpetuado una economía de trata a través de políticas de asistencia al desarrollo que no han sido capaces de transformar la pequeña industria africana, totalmente controlada por el capital extranjero, y anclada en su fase de arranque. Por ello, aun siendo optimista, resulta increíble asumir que la prosperidad del Sur pueda llevarse a cabo con la ayuda mercantilista del Norte. Los países donantes deciden en todo momento aquello que consideran como donación o cooperación y, sobre todo, en qué se ha de gastar cómo y cuándo. Es precisamente por ello, por lo que los países receptores ven limitadas sus posibilidades de canalizar dichos recursos en proyectos que no entren en los programas estratégicos de los países e instituciones donantes. Desde los años sesenta Occidente viene destinando a África grandes sumas de capital (vía ayuda o como préstamo) con la condición de que sean invertidas en manufactura occidental. Una tecnología que queda obsoleta a los pocos años, no sólo por causas lógicas de la depreciación del inmovilizado, sino por la ausencia de un equipo humano capacitado para su correcta utilización y mantenimiento. Otra parte importante del capital se destina al pago la deuda y sus intereses, adquirir armas, alimentos y remunerar a los cooperantes. Como consecuencia de ello se produce, lo que Inongo Vi Makome ha dado en llamar un "mecanismo de extorsión" mediante el cual más del 95 por 100 de esos capitales, sin apenas crear riqueza, retornan a Europa en donde sí la crean.

3.2 Implicación del FMI y del Banco Mundial.

El Fondo Monetario Internacional y el Banco Mundial nacen de los acuerdos de Bretton Woods (1944) con la finalidad de reorganizar el Sistema Económico Internacional (debido a los fallos del Patrón Oro) y de establecer un sistema multilateral de financiación para el desarrollo estable y equitativo de las naciones. Estas instituciones han ejercido una influencia notable, con suerte desigual, en el devenir de los países. De aquí su admiración para algunos e indiferencia para otros.

Los recursos financieros del FMI provienen de las cuotas de sus socios, que se determinan a partir de la capacidad económica de los mismos. Se le reconoce entre otras las siguientes funciones: a) impulsar la cooperación monetaria internacional; b) promover la estabilidad cambiaria; c) contribuir en el establecimiento de un sistema multilateral de pagos; d) corregir los desajustes de las balanzas de pagos de sus estados miembros. Su principal función financiera consiste en conceder a sus socios con dificultades en las balanzas de pagos créditos temporales de hasta cuatro o cinco veces sus cuotas.

Las primeras actuaciones del Fondo consistieron en regular y estabilizar las relaciones monetarias y financiera entre los países desarrollados. A partir de 1960 el FMI se proyecta hacia los países en vías de desarrollo con problemas en la balanza de pagos.

Los derechos de giro se crean por el FMI como un reconocimiento del derecho a solicitar financiación para aquellos países miembros con dificultades de liquidez. El país en cuestión podrá ejercitar ese derecho mediante una carta "acuerdo de confirmación" precisando la política que pretende aplicar durante el periodo del acuerdo.

Los derechos especiales de giro, también creados por el FMI, tienen la finalidad de conceder a los países miembros facilidades suplementarias de financiación condicionadas a sus respectivas aportaciones.

Muakuku Rondo Igambo, Fernando

El aumento de los desequilibrios en los presupuestos de los países del Tercer Mundo con mayores necesidades de liquidez condicionó las actuaciones del FMI que ha tenido que incrementar y habilitar más ventanillas de crédito. Esas actuaciones se concretan en las siguientes medidas:

a) Servicio de Financiamiento Compensatorio. Este servicio se crea en 1963 para sanear el déficit en la balanza de pagos por cuenta corriente de los países afectados, como consecuencia de la disminución de sus ingresos de exportación.

b) Servicio de Financiamiento de Existencias Reguladas. Estas medidas, creadas en 1969, están dirigidas hacia los países con dificultades causadas por su contribución al convenio para la estabilidad del precio de los productos primarios.

c) Servicio Financiero Petrolero creado en 1974 para financiar el déficit en cuenta corriente ocasionado por la importación de petróleo debido al aumento de precio del crudo.

d) Servicio de Financiamiento Suplementario. Se crea este servicio en 1978 para aquellos países con desequilibrios con respecto a sus cuotas.

El Fondo Monetario Internacional proponía, mediante los servicios y políticas de apoyo financiero (SAE) creados en 1986 y Servicio Reforzado de Ajuste Estructural (SRAE), un año después, ofrecer un respaldo financiero en condiciones concesionarias para propiciar ajustes macroeconómicos y estructurales a medio plazo en aquellos países de bajos ingresos, que se vieran afectados por problemas persistentes en sus

82

balanzas de pagos. Estas ayudas estaban condicionadas a la privatización de importantes sectores de la economía y a recortar los servicios públicos, sobre todo en la sanidad y educación.

El FMI se aseguró el control presupuestario de los países africanos obligándoles a reducir drásticamente las inversiones públicas en infraestructuras. Una política que sacrificó objetivos a largo plazo como la creación de empleo y la lucha contra la pobreza. Su política liberalizadora de las importaciones acabó estrangulando la escasa industria local en países como Ghana, Tanzania o Zambia.

El Banco Mundial es una institución intergubernamental definida, según sus estatutos, como una entidad de carácter económico, aunque en los últimos años ejerza una desmesurada influencia política. Y es que la política y la economía van cogidas de la mano.

Pero el Banco Mundial no es un banco en sí, sino un conjunto de instituciones. Fundamentalmente cuatro: a) Banco Internacional de Reconstrucción y Fomento (BIRF) creado en 1944, aunque empieza a funcionar en 1946, para promover la reconstrucción de los países destruidos por la segunda guerra mundial y promover los movimientos internacionales de capital para fines productivos. Es la encargada de conceder préstamos a los países cuya renta per/cápita no supere una determinada cuantía, actualmente cifrada en 5.225 $; la Corporación Financiera Internacional (CFI) instituida en 1956. Se la considera como la principal fuente multilateral de financiación en términos de inversión de capital para proyectos en el sector privado; la Asociación Internacional de Fomento

(AIF) creada en 1960. Sus préstamos "créditos" se conceden en condiciones favorables a los países muy pobres con una renta per cápita inferior a los 885 dólares amortizables entre 30 y 40 años. Es una ventanilla de créditos blandos gestionada por el propio banco y que sólo atiende las demandas de los países con bajo nivel de renta; y el Organismo Multilateral de Garantía de Inversiones (OMGI) creado en 1988 con el fin de promover las inversiones occidentales hacia el Sur dotándolas de un seguro contra los desequilibrios políticos (riesgos no comerciales) de estos países.

Es un banco con una serie de socios propietarios. Su garantía es el compromiso de sus estados miembros que se traduce en un 95% del capital suscrito. Con esta garantía el BIRF acude al mercado financiero donde capta fondos que después prestará a los países necesitados. Además de esta función financiera, se ha instituido como órgano autorizado para canalizar ayudas al desarrollo. El Plan Monnet destinado a financiar la reconstrucción de Francia (mayo 1947) representa el primer crédito concedido por el Banco Mundial a un país con dificultades financieras. Dos años más tarde esta actuación se extiende (mediante el Plan Marshall, con más de 46.000 millones de dólares) a otros países occidentales. Chile fue el primer país subdesarrollado que se benefició de la financiación del Banco Mundial (marzo de 1948).

Los préstamos concedidos por el BM estaban dirigidos a financiar proyectos específicos y su concesión estaba condicionada a la renta per cápita del país en cuestión y, sobre todo, a su capacidad de solvencia. Para la mayoría de los países subdesarrollados (por carecer de garantías) el Banco Mundial se había convertido en su única fuente de financiación. Una financiación cara que empieza a constatarse con el aumento de la deuda exterior que obligó a las Naciones Unidas a crear, en 1948, una vía alternativa de financiación, llamada Fondo de Naciones Unidas para el Desarrollo (FNUD). EEUU y el propio Banco Mundial se negaron respaldar el proyecto, que cae en desgracia. A finales de los años 50 el aumento de países independientes coincide con mayores necesidades de financiación. De nuevo las Naciones Unidas proponen una nueva alternativa financiera, el Fondo Especial de las Naciones Unidas para el Desarrollo, que también es rechazado por los EEUU, Banco Mundial y los países desarrollados. En 1960 el Banco Mundial crea la Asociación Internacional para la Financiación (AIF), como una respuesta a las demandas de los países en desarrollo. Para acceder a estos créditos se establecieron tres requisitos: a) El país en cuestión debe estar encuadrado en el grupo de los más pobres. b) Que se trate de un país cuya escasa solvencia no le permita acceder al mercado financiero internacional. c) Dicho país deberá observar un comportamiento que garantice un uso efectivo de los recursos externos recibidos.

El balance de estos organismos arroja más conclusiones negativas que positivas. Sus proyectos destinados a mejorar la calidad de vida de los más pobres han incrementado el hambre, la desigualdad, agravado los conflictos étnicos etc. Han fracasado porque el mayor sacrificio económico ha recaído sobre los más necesitados, no han conseguido redistribuir las riquezas ni relanzar la actividad económica en los países del sur. Los niveles de pobreza se han agudizado en los últimos años, para cuya solución el Fondo Monetario Internacional propone planes de austeridad. La declaración de Accra (19 abril 1998) no podía ser más contundente denunciando el fracaso de las políticas del FMI y del Banco Mundial y sus recetas en África. "Son instituciones ineficientes, antidemocráticas, no transparentes e irresponsables en sus negociaciones con África y socavan nuestra soberanía". En alusión a la deuda exterior africana dice: "estas deudas son simplemente no reembolsables por lo que solicitamos su cancelación inmediata e incondicional y que todas las ganancias de la cancelación de deuda se vuelvan a canalizar en servicios sociales especialmente Educación, Salud y Vivienda."

Durante todos estos años el objetivo del Banco Mundial para África era claro: proyectar su producción hacia el mercado mundial, mediante proyectos a gran escala (durante más de treinta años) y, después, a través de los Programas de Ajuste Estructural.

4.- La deuda exterior africana.

Los resultados de este modelo de cooperación son: aumento de la deuda exterior, subdesarrollo, hambre etc. Términos éstos que han quedado lamentablemente asociados a los países del Tercer Mundo. Y, aunque la línea divisoria entre países pobres y ricos va más allá del año 1947, han tenido que pasar más de tres décadas para que estas circunstancias se conviertan en verdaderos problemas para los países pocos favorecidos.

Sobre el papel parece ser que todos los países (desarrollados y atrasados) son conscientes de que el subdesarrollo se presenta como un problema de alcance mundial y en consecuencia su solución compete a todos. Pero a pesar de esta inquietud, el desarrollo sigue siendo privilegio de algunos. Al parecer, los intereses contrapuestos de los dos mundos echan por tierra cualquier fórmula de aproximación.

Un sucinto análisis de este capítulo requiere dos consideraciones previas:

a) Todo país subdesarrollado o en desarrollo es, casi siempre, receptor de capital exterior que irá devolviendo a medida que vaya creciendo su renta. La obligación de reembolso que entraña todo préstamo exige que el ahorro externo sea canalizado productivamente, que se mantenga el auge del comercio internacional y que el ritmo de crecimiento del país receptor sea superior al interés medio de los préstamos recibidos. Si el crecimiento es continuo, en principio, este país no debería tener problemas para saldar sus compromisos adquiridos; pero si, por el contrario, el despegue no es autoalimentado o el capital exterior se destina a innecesarios, entonces la deuda exterior constituirá un inconveniente difícil de superar. Por ello el país que se endeuda y persigue un crecimiento que le permita no depender fundamentalmente de los capitales foráneos, deberá destinar dichos recursos a proyectos de rentabilidad superior a su coste. Es decir, todo modelo de desarrollo que pretenda rebajar la dependencia del capital extranjero, debe ser diseñado sobre la base de que el excedente de producción destinado a la inversión permita el aumento de la capacidad productora. Además, las importaciones sólo deben abastecer bienes y servicios que no se puedan producir en el país y no deben ser un medio a través del cual se transfieren capitales desde el país donante al receptor. Los países africanos, al no haber invertido el capital endeudado en proyectos productivos para elevar su renta y su tasa de ahorro, se encuentran con la imposibilidad de poder hacer frente a la deuda contraída.

Cuestión diferente, ya expuesta en el capítulo de comercio desigual, es por qué no se ha podido reorientar este capital foráneo hacia la satisfacción de las necesidades internas. Poco a poco el capital exterior, que no habiendo sido destinado en inversiones productivas sino a abastecer innecesarios, fue consolidando la dependencia al tiempo que su saldo acreedor se ha ido convirtiendo en una carga insostenible y en un gran inconveniente para el desarrollo.

b) La evolución comercial africana experimentó un cambio con la ocupación occidental. A partir de aquí se inicia una nueva era en las relaciones mercantiles. Del sistema del trueque y, posteriormente, la utilización de ciertos bienes de valor como medio de pago, se pasa a un modo de transacciones pagadas con monedas acuñadas y traídas de fuera. La cantidad de dinero en circulación dependía de la capacidad comercial colonial y de sus necesidades administrativas. Casi todas financiadas, en principio, por la metrópolis.

Con la independencia, el primer problema al que debe hacer frente el dirigente africano es el de mantener el peso de la administración pública. La independencia de muchos estados, especialmente de aquellos que acceden a ella mediante sangrientas revueltas, supuso también la retirada del empresario occidental y, con ello, la caída en la capacidad productiva del país. Para atender a las necesidades presupuestarias de los nuevos Estados los dirigentes africanos firman unos acuerdos con las respectivas metrópoli (llámese Commonwealth, Comunidad Financiera Franco-Africana etc.,) que entre otros les permitieron seguir recibiendo financiación como ayuda y, posteriormente, vía cooperación. El incremento del peso de la administración, que no se correspondió con la capacidad productiva nacional, obligó a los dirigentes africanos a solicitar créditos a Instituciones Financieras Internacionales. Una necesidad financiera que pronto se convirtió en un negocio para sus acreedores. La crisis del petróleo (1973), cuyo origen se remonta a 1969 con la devaluación del dólar americano, facilitó la entrada de capitales extranjeros en África. El comercio desigual (en el que occidente abarata los precios de las materias primas africanas y encarece las importaciones), las políticas de crédito a la exportación, las políticas de Ajuste Estructural etc., sólo han contribuido al agravamiento de la deuda.

4.1.-Propuestas ante la crisis de la deuda exterior.

El inicio de los años setenta coincide con el nacimiento de la deuda exterior no tan sólo en África sino también en el conjunto de los llamados países subdesarrollados. Diversos factores alimentaron este fenómeno: la recesión económica en EE.UU y Europa (principio de los años 70); excedente de liquidez en los países productores de petróleo y las bajadas de tipos de interés y la desregulación del mercado financiero internacional. Estos últimos factores permitieron a los países subdesarrollados acceder fácilmente al financiamiento exterior. Para la banca privada internacional esta era la mejor manera de rentabilizar su capital. Un cambio de orientación de la política económica norteamericana, interesada en reequilibrar su balanza comercial y hacer frente a las pérdidas ocasionadas por la guerra de Vietnam, se traduce en el aumento de los tipos de interés de forma desorbitada (a finales de los 70 y principios de los 80) y, consecuentemente, aumento progresivo del endeudamiento exterior de estos países. Cinco factores determinantes facilitaron el juego: a) el

aumento de los tipos de interés; b) excesiva oferta de petro-
dólares; c) el aumento de la inflación; d) deterioro de las relaciones de intercambio, que obligó a muchos países del Tercer
Mundo a solicitar préstamos para pagar sus importaciones y
e) la política proteccionista de los países desarrollados, mientras imponen una liberalización en el sur.

El imparable crecimiento de la deuda provocó una mayor
inestabilidad en el sistema financiero internacional puesto
que los países deudores se vieron incapaces de hacer frente a
sus compromisos financieros. Fue la primera manifestación
de las dificultades por parte del FMI para restablecer las
reglas de juego y propició que el mismo convirtiera la concesión de créditos en su actividad principal. En 1982, México
solicita la renegociación de su deuda. Ante la negativa de los
países acreedores, se declara en suspensión de pagos el 20 de
agosto de 1982. A esta iniciativa se sumaron Argentina, Bra-
sil y otros. Esta postura, que dio origen a la ya denominada la
crisis de la deuda de 1982-1983, crea un desconcierto en el
mundo de las finanzas y obliga a estas instituciones a replan-
tearse su política. Desde entonces el problema de la deuda es
objeto de varias propuestas.

Pero la política crediticia del Banco Mundial no facilitará
la sostenibilidad de la deuda. El Sur se financia en el Norte
para luego financiar el desarrollo del Norte. En 1982 la deuda
de los países del sur alcanzaba los 780 mil millones de dólares. Una década después se situó en un billón seiscientos mil
millones de dólares. Estos valores representaban en términos
porcentuales el 40,6% del PNB en América Latina, el 29,4%
en Asia y el 71,4% en África (de ellos, el 107,3% en África
subsahariana). En 1998 los países pobres transfirieron a los

del norte recursos por valor de 114.600 millones de dólares más de los que recibieron en el mismo año de los cuales los 41 países clasificados como PPME aportaron 1.680 millones[9]. Diversos países africanos (Kenya, Zambia, Zimbabwe..) tuvieron que hacer frente de los créditos Stand-by del FMI mediante devaluaciones de sus monedas.

La declaración de México vino a demostrar al mundo de las finanzas que una crisis, provenga del Norte o del Sur, acarrea graves consecuencias para todos, aunque la repercusión sea desigual y dependa de la posición que ocupe cada uno en el sistema. Los dos mundos representan las dos caras de la misma moneda. En los países pobres porque se colapsan sus economías ya que sus productos serán los primeros en salir del circuito del mercado mundial y verán cerradas las puertas de la financiación exterior, lo que mermará su capacidad de satisfacer sus necesidades. En las economías avanzadas porque, en buena medida, de sus exportaciones al Tercer Mundo dependen buena parte de sus empleos y, en definitiva, su nivel de bienestar.

Por primera vez el Banco Mundial reconoce, a través del informe Brandt (1980), la convergencia de intereses y la necesidad de establecer un diálogo Norte-Sur. Las propuestas de un crecimiento económico basado en un proceso industrial (recomendado por el informe Pearson) durante la década de los setenta había imposibilitado a los países del Sur crear un mercado interno y generado un déficit alimentario importante. La agricultura de exportación no ha permitido acelerar el desarrollo de estos países y sus niveles de endeudamiento, una década después, se habían agudizado. El Informe Brandt proponía crear un Fondo mundial de desarrollo para financiar a los países subdesarrollados. Una mayor inyección de capitales en los países del Sur les permitirá incrementar su nivel de importaciones y reactivará la actividad productiva de los países del Norte.

El informe Berg (1981) supone un nuevo cambio de orientación. Las recomendaciones de Brandt tampoco aligeraron la carga de la deuda. En este caso, según el informe Berg, la crisis del 82 es debida a la incapacidad de los países subdesarrollados de atender a sus compromisos. En consecuencia, los préstamos deben estar condicionados a un Ajuste Estructural y no a proyectos como hasta ahora.

En 1996 los países del Sur debían más de dos billones de dólares. Así cuando los poderes financieros reconocen que la situación de la deuda externa para los países pobres altamente endeudados se había vuelto insostenible, deciden crear en octubre de 1996 un programa de refuerzo para los países pobres muy endeudados (PPME). Se trata de un plan que debería permitir al país deudor devolver sus préstamos sin comprometer su crecimiento económico y sin aumentar los atrasos hipotecando de nuevo su futuro. La iniciativa tenía por objeto reducir la deuda multilateral, bilateral y comercial a lo largo de un periodo de seis años hasta un nivel sostenible que el país pueda afrontar. Los países que desean adherirse al programa (que deberán aplicar las políticas de ajuste estructural aprobados por el Banco Mundial y el FMI) tendrán que adaptarse a un periodo de calificación con dos etapas. En la primera (de tres años de duración) el país tendrá que colaborar con el FMI y el Banco Mundial para establecer antecedentes de solidez en materia de política económica y social. Finalizada la misma se llega al "punto de decisión" en el cual conjuntamente el país implicado, el FMI y el Banco Mundial examinarían la carga de la deuda para determinar si es o no "insostenible". Si así fuera se señalará el momento en que se ha de desembolsar su alivio. Si estas medidas no se traducen en una deuda sostenible, el país pasa a la segunda fase de tres años durante la cual puede obtener el apoyo de las instituciones financieras internacionales para llevar a cabo una reforma económica y reducir la pobreza. Al término de los seis años y siempre que el país pueda presentar un historial aceptable aplicando las reformas económicas exigidas, será objeto de una reducción de hasta el 80% de la parte de la deuda que cumpla los requisitos establecidos por el Club de París. Es el punto de conclusión. Este segundo periodo puede abreviarse para aquellos países que demuestren una actuación rigurosa en sus programas de ajuste[10].

Estas medidas tampoco sirvieron para afrontar el problema de la deuda por tres razones fundamentales: a) La rigurosa definición dada a la sostenibilidad de la deuda sólo permitió a 41 países beneficiarse de este programa. Aquellos con niveles muy elevados de la deuda externa. Los demás quedaron fuera; b) el Club de París fija arbitrariamente las normas para el alivio de la deuda. Con este criterio ciertas deudas pueden no tener la consideración de negociables a partir de cierto tiempo desde su contratación, c) la tercera razón es la escasa predisposición de los acreedores por cancelar la deuda. Para sus intereses prefieren disminuir su coste aportando más dinero que apostar por la política del punto final.

Al margen de las recomendaciones del FMI y el Banco Mundial, diversos países acreedores, están adoptando diferentes medidas discrecionales para atenuar la losa de la deuda. Entre ellas las siguientes: los acuerdos del Club de París, entre mayo de 1993 y junio de 1994, para reprogramar la deuda de algunos países africanos tales como Benín, Burkina Faso, Camerún, Centro África, Gabón, Senegal, Kenya y Niger. Francia determina devaluar el franco CFA para condonar la deuda que los países más pobres de la zona franco CFA tienen contraída con él por concepto de asistencia para el desarrollo. Esta actuación permitirá reducir a la mitad la deuda correspondiente a préstamos de asistencia financiera contraída por los países de mediano ingreso que integra la zona del franco CFA. España a través de la Ayuda Oficial al Desarrollo, viene ofreciendo programas de este tipo desde 1994 con Camerún, Guinea-Conakry, Mauritania, Nicaragua, Senegal y Togo. Con respecto a Marruecos propone una vía alternativa que consiste en transformar el capital deuda en capital inversión.

En 1999 se aprueba la iniciativa HIPC-II, también conocida como el Servicio para el Crecimiento y la Lucha contra la Pobreza (SCLP). Su finalidad es compatibilizar los objetivos anteriores con la reducción de la pobreza. El SCLP, de funcionamiento similar al programa creado en 1996, incorpora una 3ª fase en la que se contempla el punto de culminación y se hace efectiva la reducción de la deuda en las condiciones previamente establecidas. A partir de ahí el Banco Mundial y el FMI se comprometen a otorgar una asistencia a través del Fondo Fiduciario para los PPAE y otra mediante una donación especial.

Todas estas propuestas siguen evidenciando que los países acreedores utilizan esta posición como elemento disuasorio. "Es poco recomendable el perdón total de la deuda a los países pobres muy endeudados, porque el Banco Mundial se financia en los mercados de capitales para prestar después en condiciones ventajosas a los países en desarrollo"- señala el responsable del Banco Mundial James Wolfensohn durante la cumbre de los gobernadores del Banco Mundial y el FMI (sep. 1999). "Lo que queremos, añade, es reducir las deudas hasta un nivel sostenible". "El perdón total de la deuda como demandan diversas organizaciones podría desmoronar el sistema".

4.2.- Los Programas de Ajuste Estructural y los Servicios SAE/SRAE.

Durante las primeras décadas de la independencia, la economía africana presentaba signos de crecimiento como consecuencia del incremento nominal de las exportaciones. Este ligero repunte se ve truncado (en la primera mitad de los años ochenta) por un cambio de tendencia debido a diversos factores externos como la caída de los precios de las materias primas y la explosión del problema de la deuda externa, que arrastra consigo el deterioro de las relaciones de intercambio. Para paliar estos desequilibrios el Banco Mundial reservó a los países de África y América Latina un programa de Ajuste Estructural. Un paquete de medidas económicamente recesivas y socialmente regresivas. Un abanico de actuaciones que incluye políticas macroeconómicas de estabilización a corto plazo, así como transformaciones estructurales a largo plazo. Sin embargo, la anhelada estabilidad de la Balanza de Pagos, que pasaba por un incremento de las exportaciones hacia Europa occidental donde apenas representan el 1 por 100 de su consumo local, no ha contribuido a aliviar el peso de la deuda. Pues el mercado Europa, compacto y coherente con su política comunitaria agrícola restrictiva, sigue controlando a su favor la abundante pero descoordinada oferta africana.

Sobre la base de esta filosofía el FMI, el Banco Mundial y la Caja Central de Cooperación Francesa imponen a África, a través de los acuerdos de Cooperación con la Comunidad Europea, un paquete de medidas incluidas como materia prioritaria durante la cuarta convención de Lomé (1990-2000). Estas instituciones, con el apoyo del G-7, responsabilizaron a la intervención y al proteccionismo estatal de ser causantes de la crisis económica de estos países a los que se aplicó un paquete de reformas con la finalidad de reducir los desequilibrios en la Balanza de Pagos, controlar la inflación y readaptar la actividad productiva a los requerimientos de la demanda mundial. Se pensó en una actuación tridireccional:

a) Reformas en los sectores productivos. Sobre el papel este paquete de medidas estaba pensado para incrementar la exportación de los productos primarios. En la práctica esta política liberalizadora ha facilitado la entrada de productos extranjeros en el mercado africano y ha terminado con la escasa capacidad competitiva local.

b) Medidas macroeconómicas. Destinadas a reforzar la oferta exportable, reducción de la demanda interior, puesta en marcha de una política monetaria restrictiva, aumento de la competitividad internacional (mediante la devaluación) y reducción del gasto público.

c) Medidas institucionales. El objetivo de este bloque de actuaciones es dar un protagonismo a las fuerzas del mercado y reducir el excesivo intervencionismo estatal.

El coste de este conjunto de medidas ha sido de tal magnitud que sólo las estructuras rígidas de poder en África hicieron imposible revueltas sociales. Los defensores de este Programa de Ajuste pregonan sus éxitos en la balanza de pagos, aumento de la renta y reducción de la inflación en aquellos países que hayan aplicado dichas normas tal y como recomienda el FMI. Sus detractores no dudan en criticarlos por poco efectivos al sacrificar el largo plazo. En cualquier caso detractores y defensores coinciden en señalar el empeoramiento generalizado de la sociedad así como el incremento de la desigualdad.

El FMI y el Banco Mundial han ayudado a mejorar la economía de los países del Norte pero no han conseguido resolver los problemas que impulsaron su creación, almenos en los países del Sur. La flexibilidad laboral, recomendada en el marco de Ajuste Estructural, ha acentuado la precariedad, el paro y disminuido el poder adquisitivo. El recorte en los gastos sociales ha disparado el analfabetismo, la deserción escolar y la mortalidad infantil. Las recomendaciones de una política fiscal a favor de un aumento de impuestos y menor gasto público han perjudicado enormemente a los más pobres.

Estas políticas han afectado más a África La escasa industrialización africana acentúa su vulnerabilidad en tiempos de crisis. Su dependencia absoluta de los productos primarios de exportación la sitúa a merced de los vaivenes del mercado exterior. En 1992 la deuda externa representaba el 100% del PNB en África en general y el 108% en África subsahariana. En diez años se duplicó en África la relación deuda-PNB (según Naciones Unidas, Estudio económico mundial, 1993). Además de estas medidas, el África de la zona franco CFA tuvo que soportar un castigo adicional por la devaluación de su moneda. Para estas economías que tienen que importarlo todo, la pérdida del poder adquisitivo afectó gravemente los consumos básicos de la población y su nivel de vida.

4.3. Jubileo Sur.

El uso político que se concede a la deuda externa, contrario a un enfoque productivo, no permitirá a los países endeudados rebajar las cotas de dependencia, aun incrementando la producción de sus recursos primarios. El aumento de los precios manufacturados inversamente proporcional a los primarios obliga a estas economías a un sobreesfuerzo casi imposible por intentar cumplir con los compromisos de la deuda. Estas economías (especialmente las africanas) se encuentran con una dificultad adicional de no contar en la práctica con nuevos sectores que puedan tirar del carro. En estas condiciones cualquier esfuerzo para superar el problema de la deuda pasa por solicitar una especie de misericordia a los países acreedores. En este sentido, ante la limitada capacidad de respuesta de los gobiernos nacionales, diversas organizaciones de la sociedad civil se van constituyendo en coalición para mostrar su rechazo a esta nueva forma de esclavitud al tiempo que suplican la clemencia de los poderosos. Con este espíritu nace la corriente Jubileo Sur en 1996.

Es una coalición de organizaciones civiles de los países de América Latina, Caribe, Asia y África que por medio de campañas y movilizaciones tiene como objetivos convencer a los países del Norte de que la deuda del sur es moralmente inasumible. Es un movimiento que puede actuar en bloque, entre grupos de países, por continentes incluso por estados. El elemento central es único: repudiar una deuda que los países del Sur consideran pagada incluso con intereses, y que el Norte sigue utilizando como herramienta de extorsión. Tres ejemplos son suficientes:

- Las organizaciones de los países centroamericanos y del Caribe (Costa Rica, Cuba, Haití, El Salvador, Guatemala, México, Nicaragua y Panamá) se reunieron los días 18-21 de diciembre de 2000 en Managua (Nicaragua) para demandar la anulación de la deuda. En su comunicado final se insta repudiar la deuda, la cual debe ser condonada total e incondicional por ser ilegítima, inmoral e injusta.

- Nicaragua en su jubileo para el pueblo nicaragüense (mayo de 1998), demanda los mismos objetivos. Sus conclusiones son las mismas: "Insistimos en que la deuda ya ha sido pagada numerosas veces a través del pago de los intereses a la misma y a cuenta del intercambio comercial desigual entre nuestros países y los países industrializados del Norte". Las conclusiones de este Jubileo recogen los siguientes aspectos:

1.- Que se cancele la deuda externa, sin la condicionalidad de aplicar los ajustes estructurales que tanto daño han hecho a nuestro país.

2.-Que se inviertan de manera responsable y transparente los recursos cancelados, priorizando la inversión hacia las áreas rurales más pobres del país.

3.-Que la cancelación de esta deuda no implique una disminución de la ayuda internacional.

4.-Que se establezcan políticas de endeudamiento que eviten los continuos préstamos concesionales y evite el proceso de aceleración del nuevo endeudamiento.

5.-Que haya un verdadero proceso de consulta, información y construcción desde las bases sobre componentes esenciales para combatir la pobreza provocada por las políticas neoliberales.

6.-Revisión del actual modelo de desarrollo que está empobreciendo cada vez más a los sectores excluidos de la sociedad nicaragüense.

- La Declaración de Lusaka (mayo de 2000), hacia un "Consenso Africano" sobre Desarrollo Sostenible y Soluciones Sostenibles a la Crisis de la Deuda, que avala las conclusiones del jubileo de Nicaragua, sostiene tres determinaciones: repudia colectiva de la "ilegítima deuda externa, las ganancias generadas por la cancelación de la deuda se deberán destinar a la satisfacción de las necesidades básicas y que el desarrollo genuino africano pasa por desmarcarse del enfoque neoliberal potenciando, eso sí, las capacidades de la sociedad civil.

La declaración de Lusaka, autodefinida como un movimiento contra el doloroso impacto de la deuda y para una nueva forma de desarrollo genuino centrado en las personas, se contrapone a la contundencia de Wolfensohn porque a su entender existe un amplio abanico de casos en los que la deuda es moralmente repudiable. Este es el caso de las llamadas "deudas odiosas"[11]. El jubileo Nicaragua, basándose en un reportaje de la Wall Street Journal, argumentaba que la deuda es condonable si existe tal voluntad. Gran Bretaña, Francia e Italia se beneficiaron de la clemencia de los EEUU (años 30) cuando sus economías se encontraban en la bancarrota. Esta visión se recupera varias décadas después por los países endeudados para solicitar una especie de complacencia de sus acreedores.

5.- Demografía, el subdesarrollo africano y la Conferencia del Cairo

El alto índice de natalidad en el sur es para algunos uno de sus grandes inconvenientes para su desarrollo. Los defensores de esta tesis malthusiana argumentan que las altas tasas de crecimiento de la población de estos países son incompatibles con los objetivos del desarrollo económico, por ello recomiendan su reducción. Incluso sugieren condicionarla a la cooperación o ayuda al desarrollo porque, de lo contrario, se agudizará la miseria en los próximos años. Se trata de planteamientos que han considerado la variable del crecimiento demográfico como exógena y un obstáculo para el desarrollo económico y que han encontrado en el Banco Mundial (durante la primera mitad de la década de los setenta) su respaldo político/financiero.

Los debates sobre la interrelación entre la población y la actividad económica se remontan a 1776 con A. Smith para quien la señal más decisiva de la prosperidad de un país nos la da el aumento del número de sus habitantes[12]. Sobre esta dinámica optimista el crecimiento de la población contribuirá al aumento de la fuerza productiva humana que es la base del progreso y de la división del trabajo asalariado, crea-dor de riqueza. Para Ibn Jaldún por ejemplo, una mayor densidad facilitará la división del trabajo y un empleo más eficaz de recursos. Sin embargo las recomendaciones pesimistas de la escuela malthusiana y sus discípulos se basan en el enfoque que considera la superpoblación como la responsable del subdesarrollo de los países del Sur. Para ellos, partiendo de una situación de equilibrio estable, las altas tasas de natalidad consumen el escaso ahorro que genera la economía. Es lo que Nurkse llama la trampa de la pobreza. Esta situación imposibilitará generar una base mínima de ahorro necesario para reiniciar una actividad productiva consistente. En estas circunstancias una acción combinada que inyecte capital exterior a la economía al tiempo que se potencia una reducción del crecimiento demográfico permitirá aliviar los niveles de la pobreza.

No se cuestiona la relación bidireccional que existe entre la miseria y un alto índice de natalidad, como tampoco la dificultad que entraña para varios países africanos crear una base alimentaria suficiente en las condiciones actuales. Si embargo, quiero ser escéptico cuando se establece una relación de causa efecto entre el número de hijos / pobreza. Las hambrunas afectan por igual a las familias numerosas que a las que tienen pocos hijos. Tener pocos hijos no es garantía de bienestar económico. Porque en estos ambientes, donde la carga de la solidaridad y los lazos familiares son tan fuertes, los sacrificios y los frutos del trabajo se sobrellevan y reparten equitativamente. Por otra parte, si tomamos como referencia a Occidente, una vez más, las recomendaciones a África no se acomodan a la evolución de los países desarrollados donde los ajustes de la población se realizaron a través del llamado "dogma económico".

El proceso industrial occidental permitió una mejora tecnológica no sólo en el campo empresarial, donde proporcionó un trabajo productivo que contribuyó al incremento del bienestar social, sino también en el campo sanitario con la aparición de la vacuna contra la viruela y otros adelantos técnicos sanitarios. Estos avances ayudaron a reducir el índice de mortalidad, favorecieron la incorporación de la mujer al mercado laboral y un control de natalidad no programado. En cambio la siniestra reciprocidad entre la natalidad y la miseria que se produce en los países africanos, y que se podría plantear en términos de "el huevo o la gallina", sigue sin encontrar respuestas más que la del control de la natalidad.

La planificación familiar basada en las tesis neomaltusianas es insuficiente para resolver un problema que requiere soluciones globales. Debe ser un remedio integrado en un proyecto global que permita movilizar la población para la educación y la ocupación, mejoras en las condiciones sanitarias y de nutrición, un mínimo de infraestructura, mejorar la participación de la población en las cuestiones que les afecten. Dicho de otra manera, las hambrunas en África tienen mucho más que ver con el escaso desarrollo sostenible que con el índice de natalidad. Un clima de libertades favorecerá la ausencia de conflictos, impulsará un una expansión económica ordenada y fomentará medidas sanitarias y de asistencias sociales; contribuirá en la reducción de los índices de la miseria y regulará los índices de natalidad. El hecho de que países como Zimbabwe o Bostwana no encabecen la lista de los países con más privación en África, pero sí Sudán - por ejemplo - no depende tanto de que aquellos sean económicamente más ricos que éste sino más bien porque los desequilibrios políticos (marcados por la intolerancia y la tiranía) son los mejores aliados de las hambrunas.

En mi último trabajo, *África subsahariana y Occidente: Historia de una dependencia*, defendía la necesidad de regular la tasa de natalidad en función de la planificación general, que no significa necesariamente reducir el número de nacimientos por pareja[13]. La planificación familiar debe ser algo más que una simple receta casera. Las rigideces políticas y el retroceso económico tienen más que ver con la miseria del Sur que con el número de nacimientos. Es así como se debe plantear el problema.

El discurso malthusiano y sus coetáneos que impregnó buena parte de la década de los 70 se suaviza a partir de la primera conferencia mundial sobre la población en Bucarest (1974), cuando el crecimiento de la población no es considerado necesariamente como un elemento adverso. Pero no es hasta la tercera conferencia, la del Cairo en 1994, cuando este alegato deja de preocupar al mundo desarrollado y el enfoque malthusiano y sus contemporáneos experimenta un cambio importante. A partir de entonces, el paradigma tradicional del desarrollo cada vez va perdiendo fuerza a favor del desarrollo humano sostenible donde la salud y los derechos sexuales y reproductivos constituyen sus principales cimientos.

La Conferencia del Cairo permitió adoptar una definición más amplia de la salud reproductiva que abarca diversos aspectos: planificación familiar, prevención de enfermedades de transmisión sexual, maternidad sin riesgos y la propuesta de que se puedan colmar las "necesidades insatisfechas" mediante la prestación de servicios de salud reproductiva a parejas e individuos de todo el mundo, dentro de amplio marco de los cuidados primarios de salud. También se prestó atención a la necesidad de dar prioridad al desarrollo de recursos humanos.

El éxito de la conferencia del Cairo queda patente en las diferentes actuaciones que van adoptando diversos países del Sur. Muchos de ellos han aceptado también como objetivo operacional la integración de la planificación familiar dentro de una gama amplia de servicios de salud reproductiva. El control de natalidad a partir del uso de anticonceptivos, esterilización de las mujeres y otros modos brutales (como los llevados a cabo durante la primera década de los setenta), que por otra parte no arrojaron resultados favorables, dejan de tener sentido y es la necesidad de asegurar una maternidad sin riesgo, sana y deseada la que se va consolidando como alternativa para estabilizar el crecimiento de la población de los países periféricos o, al menos, para ajustarla a la demanda del factor trabajo de cada economía. Esta visión, no impuesta como hasta ahora sino asumida como realista por diversos países en vías de desarrollo, ha permitido a varios países formular políticas nacionales de reproducción con el objeto de mejorar la prestación de servicios en las comunidades más marginales cuyo éxito queda condicionado no sólo por la voluntad de realización sino que también por la dotación de recursos de que puedan beneficiarse.

6.- Desarrollo humano como alternativa

El concepto de desarrollo defendido por Harry Thruman (1949), y que ha servido como base estelar para los países de la Periferia, empieza a ser cuestionado desde la década de los setenta. Varios años aplicando las recomendaciones de un excesivo uso tecnológico, no han servido para que los países subdesarrollados ajusten sus desequilibrios internos y externos.

Prácticamente el Tercer Mundo no había mejorado sus perspectivas. Es más, se constata un aumento de la pobreza, descenso en las relaciones de intercambio, aumento de la deuda externa y en definitiva un mayor distanciamiento entre los dos mundos. Este fracaso, que se manifiesta a partir de los años 70, ha permitido que se empiece a cuestionar el modelo de desarrollo de Thruman y la necesidad de encontrar una alternativa conceptual. De esta manera surgen los conceptos de desarrollo humano y desarrollo sostenible impulsados desde la PNUD por Mahbub ul Haq (1990), como contrapunto a la corriente neoliberal. El informe Brundland (1989), precursor de los trabajos de Mahbub ul Haq, partía de la necesidad de encontrar un nuevo concepto de desarrollo más representativo de la sociedad, pues el actual modelo de desarrollo (el del norte) no es exportable. Para Mahbub el nuevo concepto de desarrollo debe apostar por las personas como sujetos activos, fomentar sus capacidades y satisfacer sus necesidades básicas. Un ejercicio de esta naturaleza favorecerá la cohesión social y la equidad social. Se trata de adoptar un conjunto de medidas capaces de reducir la pobreza y de evitar que el consumo actual de los países subdesarrollados se siga financiando mediante deuda, que hipoteca las generaciones futuras y con ello el carácter sostenido del propio proyecto de desarrollo. Favorecer la equidad permitirá que la población aproveche al máximo su capacidad potencial (que ha de traducirse en una mejora de vida) sin tener que destruir el capital natural necesario que garantice el futuro próspero de las generaciones venideras.

El nuevo enfoque de desarrollo descansa sobre la idea de movilizar a la población, a través de programas de educación y de transformación social, a fin de que los beneficios de este proceso repercutan en esa sociedad. Porque, de otra forma, un modelo de desarrollo basado en la injusticia social, que relega al atraso a la gran mayoría de su población, además de insolidario, podría verse arruinado por las propias deficiencias de su estructura social. Para ello se deben ampliar las oportunidades de un empleo productivo para las capas sociales más pobres. El aumento de los niveles de producción mejorará las condiciones de vida del sector marginal de la población si éstos obtienen parte del ingreso adicional, directamente o a través de un aumento de los servicios públicos.

7.-Programa de desarrollo interno.

África ha intentado diseñar su propio plan de desarrollo a partir de la coordinación y armonización de sus políticas. Con este espíritu nace en Lagos- Nigeria (abril de 1980) el Plan de Acción de Lagos (PAL). El fracaso de las políticas de desarrollo, que sólo sirvieron para consolidar la dependencia africana con occidente era el argumento esgrimido por los padres del PAL (Edem Kodjo, Adebayo Adebeji, Albert Téoédjré) para perfilar una estructura africana fundamentalmente económica pero también política que los desvincule de occidente. La definición de esta estrategia, llamada a satisfacer las necesidades básicas y la consolidación de la autodependencia y la integración económica africana, tropieza con dificultades que la han llevado al fracaso. Este macroproyecto estaba diseñado para ser financiado mayoritariamente desde el exterior pero las instituciones financieras internacionales, que no observaron de buen grado esta iniciativa, reaccionaron proponiendo, un año después, una alternativa que, por recomendaciones del Banco Mundial, fue elaborada por un grupo de expertos asesorados por Eliot Berg. Las sugerencias del informe Berg (liberalismo económico apoyado sobre la confianza del sector privado de exportación, entre otras), acaban imponiéndose sobre el PAL.

El fracaso de los acuerdos de Lagos, que se constata cinco años después, permitió rediseñar un modelo menos ambicioso y más realista concretado en el llamado Programa Prioritario de Recuperación Económica de África (PPREA). A diferencia del PAL, el PPREA, que perseguía fundamentalmente objetivos a corto plazo, descarta la posibilidad de desligarse de occidente. Algunas de las medidas recogidas en este programa son: fortalecimiento de los acuerdos regionales y subregionales, movilización de los recursos nacionales y racionalización de los préstamos. Esta iniciativa, calificada por occidente como una apuesta más "responsable", tampoco se pudo aplicar. A este nuevo revés hay que unir el de los trabajos llevados a cabo por la Comisión de las Naciones Unidas para África en Abuya (junio de 1987) en colaboración con las Organización de la Unidad Africana y el Banco Africano de Desarrollo así como los realizados en Addis Abeba (abril de 1989) con la creación de un Marco Africano de Referencia para los Programas de Ajuste Estructural para la Recuperación y la Transformación Socioeconómica de África.

Diversos factores explican la cadena de fracasos. Dos observaciones parecen evidentes.

a) El desarrollo de África está fuertemente condicionado desde Occidente que no parece interesado en que el mismo se produzca. ¿Por qué iba a hacerlo?. La máxima del capitalismo es la acumulación de riqueza a partir del beneficio. El desarrollo de las regiones a las que el capitalismo se traslada no le interesa, es competencia de sus habitantes. El capitalismo es inclemente. No dudará en trasladar sus instalaciones allí donde las condiciones son más favorables. Cuanta más pobreza más fácilmente se aceptarán salarios de propina y menos reivindicaciones sociales generarán. La internacionalización de la tecnología permitirá a las multinacionales producir en estos países (a bajos costes) los productos que se consumen en Occidente donde la relación precio venta/coste producción garantiza mayor acumulación de capital.

b) La descoordinación de los propios países africanos no les permite reconocer el potencial de que disponen. La insuficiencia del capital financiero se podría amortiguar con una política ordenada de las prioridades y de valoración de lo que se tiene en casa. La experiencia de estas décadas no permiten albergar esperanzas de que la cooperación internacional sea necesariamente la que promueva el desarrollo de África. El capital humano de que dispone África y su potencial de recursos deben ser la base sobre la que ha de descansar el futuro desarrollo del continente.

Los países de América Latina, por ejemplo, pusieron en marcha el llamado modelo de Industrialización por Sustitución de Importaciones (ISI) (1930) con la intención de producir en el interior aquellos productos no perecederos que se importan. Los costes del modelo se financiaron, mayoritariamente, con los ingresos procedentes de la exportación de productos básicos. El estado por su parte, se encargaba de garantizar protección al empresario nacional frente a la irrupción del capital extranjero.

Los países asiáticos (concretamente Corea Sur, Taiwán, Singapur y Hon Kong) apostaron por una política de industrialización orientada a sustituir las exportaciones (ISE). La financiación de este modelo quedaba garantizada con la ayuda de los EE.UU.

Los resultados de ambos modelos han sido dispares.

El proyecto ISI, que con la entrada de las empresas transnacionales, había conseguido su apogeo (años 50), no creó desarrollo porque el capital generado o bien quedó en manos de una burguesía local que poco después lo colocó en entidades financieras extranjeras, o bien el excedente producido retornó al origen sin posibilidad de nuevas reinversiones. Pero además, el modelo debía enfrentarse con el déficit crónico de la Balanza comercial latinoamericana. La iniciativa ISI fue concebida sobre la necesidad de potenciar la industria interior y, en su afán de integrarse con los mercados exteriores, privó a la población de todos los circuitos de participación. La necesidad de reducir el desequilibrio de la Balanza Comercial recomendaba que el producto final fuera local. Aunque durante las primeras décadas se consiguió crear algunos sectores industriales de cierta importancia, el pago de las importaciones de las maquinarias acabó agotando el modelo. Los gobiernos populistas, apoyados por la inversión privada exterior y en su afán de dibujar un proyecto único, no pudieron diseñar un proyecto ajustado a la heterogeneidad de sectores de sus naciones. El veredicto final es que los países latinoamericanos siguen anclados en el grupo de los llamados países y territorios en desarrollo.

Los países asiáticos son conscientes de su reducido mercado interno, pero con abundantes recursos naturales y una creciente mano de obra. Apostaron por una política de industrialización a partir de un modelo cerrado de sustitución de las exportaciones. Una vez superada con éxito la primera fase, abrieron sus economías y se apoyaron en los mercados internacionales para crecer. El desarrollo económico de estos países se fundamentó sobre seis factores claves: a) Las condiciones favorables de la demanda mundial para sus productos exportables y de su abundante oferta de recursos naturales. b) La mejora de la infraestructura de transporte y comunicaciones. La apertura del Canal de Suez, además de las mejoras introducidas en los transportes y comunicaciones internas y en la organización de la economía en su conjunto, generaron un impulso importante en el despegue de estos países. c) La libre entrada de capitales extranjeros privados en la industria exportadora de productos primarios. Este hecho contribuyó decisivamente al incremento de la productividad de los recursos naturales en los sectores de la minería y unió la demanda del mercado mundial con la oferta de recursos naturales. d) El crecimiento de los productos agrícolas exportables basado en la oferta abundante de tierra no utilizada. e) La creación y el fortalecimiento de un sistema financiero y monetario, a partir de presupuestos nivelados, y en un sistema autonómico de intercambio monetario con tipos de cambio fijos, para mantener la libre convertibilidad. f) Una intervención estatal en sectores específicos que permitió crear empresas multinacionales.

Los países asiáticos están considerados actualmente como países en transición.

7.1.- La Unión Africana

Arruinado el proyecto de la Organización para la Unidad Africana (OUA), los dirigentes africanos pretenden impulsar una nueva iniciativa que aborde las principales prioridades sociales, económicas y políticas del continente de manera coherente y equilibrada. El fracaso de la OUA, que nació con el propósito de reforzar la unidad y la solidaridad de los Estados africanos (art. 2. a) y como una organización de descolonización, se debió a que su anacronismo no le permitió redefinir sus funciones y objetivos orientándolos hacia una integración efectiva política y económica.

La Unión Africana (UA), que nace de la conferencia extraordinaria de la OUA de los Jefes de Estado Africanos celebrada en Sirte (Libia) el 2 de marzo de 2001, pretende dar un impulso diferente a la desfasada OUA. La iniciativa se fundamenta en la determinación de los africanos a despojarse de los males del subdesarrollo y de su exclusión de un mundo globalizado. Para ello sus estructuras deberán permitir la promoción de la integración económica, política y social y el desarrollo del pueblo africano. Sin embargo la Unión Africana que hace un sucinto pronunciamiento al modelo de la Unión Europea, apenas se refiere a un estadio de libertades como condición de pertenencia al grupo.

La configuración de la actual Unión Europea desde sus inicios (por el Tratado de Roma) se asienta sobre este marco de la soberanía popular. De hecho a algunos de los países hoy miembros les fueron negados esta condición mientras no tuvieran garantizadas las libertades internas. De aquí que los aciertos o despropósitos de la UA se evaluarán no por su mejor o peor calco al modelo europeo sino por su determinación a favor de las libertadas populares, porque sin ellas difícilmente los demás objetivos se podrán alcanzar.

Además, la Unidad Africana nace con un enfoque burocrático complejo, con un programa de acción cargado de amplias intenciones desde la fijación de las precondiciones para el desarrollo, cooperación e integración regional, desarrollo humano etc., hasta la necesidad de elevar los flujos de ahorros y capital mediante un mayor alivio de la deuda y mejor manejo de ingresos y gastos públicos.

El futuro de África requiere, en primer lugar, mirar hacia delante. Este optimismo debe descansar sobre tres pilares: estabilidad política, basada en el diálogo; estabilidad económica, a partir de programas realizables y confianza interna. Pretendo defender la creación o la redefinición de un organismo supranacional con decisiones vinculantes. Aunque el desarrollo de sus funciones sea tema que se escapa de este trabajo, en términos generales, debe condicionar, para empezar, la pertenencia de sus miembros a la aplicación de los valores democráticos. Para garantizar el desarrollo armonioso y autónomo y la independencia de los estados miembros, así como asegurar que sus programas se ajusten a las realidades del entorno, su financiación correrá mayoritariamente a cargo de los países implicados. Dispondrá de un fondo de financiación para los sectores y regiones más desfavorecidos. Gozará también de un carácter de persuasión y sancionador con capacidad de evaluación del cumplimiento de los acuerdos. Concentrará sus esfuerzos en la promoción de estrategias subregionales y regionales (como paso previo a la integración global del continente) y fomentará el desarrollo basado en las capacitaciones humanas de sus pueblos. Potenciará el uso de recursos propios y reforzará pautas para fortalecer el mercado interno, con una moneda cuya garantía en el contexto exterior dependa de sus potencialidades locales. Se crearán, asímismo, mecanismos para una liberalización ordenada. Un modelo de exclusión del contexto internacional, en un mundo cada vez más interrelacionado, no parece ser una apuesta sensata. La universalización del capitalismo hace que mercado global sea una realidad inevitable que, a pesar de sus inconvenientes, presenta ciertas ventajas de las que se deben beneficiar los países subdesarrollados.

8.-Condiciones previas

Durante varias generaciones los países africanos basaron su organización social en la solidaridad entre miembros de la misma familia. Los frutos del trabajo se compartían con independencia del productor. Esta concepción tribal experimenta un cambio con la presencia occidental. La grandeza del grupo se sustituye por el lucro económico. Desde aquí el africano (que no se había preparado para la mutación) debe emigrar del campo hacia las ciudades en busca de una vida diferente. Éste es el origen de la pobreza en África entendida en términos africanos. El poder que ofrecían los lazos familiares acababa de ser suplantado por el egoísmo que proporcionaban los artefactos que conforman la vida diaria en occidente. La maquinaria capitalista era la garantía del éxito. Sin embargo se ignoró que las revoluciones que permiten superar los obstáculos del subdesarrollo no estallan sólo con la promesa de una mejor asignación de recursos. La movilización de ingentes recursos a través de proyectos ambiciosos más o menos acertados en África no podrá traspasar la barrera de la miseria si previamente no se resuelven cuestiones básicas.

El desarrollo no puede ser concebido como una recompensa venida de fuera sino una respuesta a un ejercicio coherente desde dentro. La participación de una población capacitada será fundamental en el devenir de su pueblo. De aquí que el sistema educativo determine la velocidad de desarrollo que se quiera promover. De él depende (como elemento central en la organización y cohesión social) la autonomía de su pueblo. Una sociedad libre explota mejor sus iniciativas y es más competitiva.

El modelo educativo apropiado queda en la vieja discusión de cual es la mejor oferta. Para algunos es aquella que ofrece la formación que exige su población. Para otros es aquel sistema que pone a disposición de la economía la fuerza productiva necesita. Este es un dilema que se deberá abordar en cada país, en función de sus programas específicos.

Diversos autores africanos han censurado los planes educativos de sus países porque no se adaptan a sus objetivos. En África se han implantado sistemas educativos occidentales (donde se imparten literatura, historia etc. de la metrópoli), que nada tienen que ver con el entorno de aplicación, en perjuicio de disciplinas técnicas, sociales etc., que se ajusten a sus problemas. Los países desarrollados organizan sus programas educativos con miras a su desarrollo mientras los del tercer mundo lo hacen imitando y a remolque del Norte.

Los países africanos forman la mayoría de sus estudiantes en países extranjeros (Occidentales, Europa del este, América Latina, EE.UU. Japón etc.). La heterogeneidad de su procedencia (en el caso de los que retornan) y el largo periodo de desconexión con su realidad social dificulta el aprovechamiento teórico del profesional expatriado. Por esta consideración, J. Begnár considera oportuno que los países formen a su clase de intelectuales dentro del país o en los vecinos porque, a su entender, es la manera que más les compromete moralmente con su pueblo, demás de estar dispuestos a vivir bajo condiciones más difíciles.

Julius Nyerere se mostró crítico con el sistema educativo de su país (Tanzania) porque lo consideraba un modelo diseñado para las elites, que sólo respondía a las necesidades de una minoría que lo recibe. En un informe sobre el programa educativo de Tanzania "Education for Self-Reliance" Nyerere defiende un modelo que se amolde al mundo del trabajo de la gran mayoría. Una educación que aleja a los niños de su mundo laboral o que les hace incluso mirar con desprecio ese mundo del trabajo, decía, puede tener fatales resultados. En la misma línea que Nyerere, el mozambiqueño Samora Machel, en su obra *aprender para producir* (e lutar melhor), es contrario a aquel sistema educativo que no tenga implicación directa con los objetivos de país porque crea una elite de diplomáticos ajenos a los objetivos del país. Por esta razón defiende un sistema que, además de enseñar a leer y escribir, ofrezca a la población mozambiqueña una personalidad propia que, arraigada en las realidades internas, permita a la población, en contacto con el mundo externo, asimilar de una manera crítica las ideas y las experiencias de los otros pueblos a los que deben transmitir los frutos de la reflexión y prácticas internas.

8.1. -Necesidades financieras y de organización.

La relación inversión-ahorro ha sido el eje central del discurso defendido por las teorías desarrollistas o de modernización, para quienes el atraso de los países pobres gravita en su imposibilidad de generar crecimiento económico. De hecho, los economistas hacen especial hincapié en la importancia de una renta suficiente destinada a la inversión, a partir de la identidad macroeconómica de la la renta nacional (Y=C+I). La consideran clave para el desarrollo porque de ella depende impulsar nuevos métodos de producción. Un aumento de las rentas familiares, una vez cubierto el nivel de las necesidades corrientes, contribuirá a financiar la actividad económica. La movilización interna de estos capitales (por escasos que sean) además de evitar la soga de la deuda externa, permitirá acometer proyectos de infraestructura y favorecerá el desarrollo. Las instituciones económicas y monetarias deben garantizar la mejor circulación del ahorro para el bien de la inversión y del empleo.

A partir de la identidad anterior, todo país puede aumentar su capacidad de ahorro (equivalente a la inversión) reduciendo su consumo interno. Pero en sociedades en las que amplias capas de su población se mueven en el nivel de subsistencia, sus posibilidades son escasas.

Una de las características de las economías africanas es que existe una brecha importante entre las rentas personales y el valor de los bienes básicos que necesitan. En estas condiciones lo normal es buscar ese ahorro del exterior.

En todo caso, existen dos alternativas: a) Financiamiento interior. b) Financiamiento exterior.

La primera corriente sostiene que, canalizando el ahorro de las economías domésticas hacia la inversión, permitirá un desarrollo real, equilibrado y ajustado a las posibilidades de los países africanos. Sus defensores proponen dos alternativas:

a) Financiamiento a través del presupuesto nacional. En algunos casos puede crear distorsiones en los mecanismos de asignación, si el país adolece de ineficacia en el sistema fiscal. Los partidarios de esta variante la justifican porque permite crear y consolidar la posición del empresario local a la larga. Y ponen por ejemplo a Japón que entre los años 1868-1871, los antiguos Samurais se beneficiaron de una inyección masiva de crédito público financiado mediante un gasto de papel moneda equivalente al 50% de los ingresos presupuestario. Los buenos resultados de esta política favorecieron que el papel moneda se fuera sustituyendo con los crecientes ingresos ordinarios. De todas formas, el éxito de esta política habría que reconocérselo a varios factores paralelos como la buena infraestructura política, administrativa e intelectual capaz de afrontar los nuevos retos, a pesar de que la estructura productiva japonesa de entonces era típica de un país subdesarrollado.

b) Financiación inflacionista. Inanciarse por esta vía supone mantener la economía en unos niveles razonables de inflación con el fin de estimular el consumo y la producción. Los detractores de esta política esgrimen que la misma podría disminuir el nivel de vida de una población que de por sí vive en unas condiciones de subsistencia.

Cualquiera de estas alternativas pueden complementarse con financiamiento privado a pequeños empresarios o micro-organizaciones. La experiencia del Grameen Bank en Bangla Desh (India), mediante la concesión de micro créditos a la clase marginal permitió mitigar la situación de discriminación de las mujeres en el mercado crediticio rural, elevar su nivel de capacitación en el ámbito social y económico. La alta tasa de devolución de los mismos (cercano al 98%) y su contribución en la economía familiar y regional es una experiencia que bien merece la atención.

Una segunda corriente defiende una financiación exterior, a su vez con tres variantes:

a) Importando el capital privado extranjero. Sus detractores consideran que con esta opción las inversiones extranjeras pueden llegar a controlar las industrias nacionales y también al propio gobierno. Asignar al capital privado extranjero la difícil labor de marcar los planes nacionales es poco recomendable. Los objetivos del desarrollo nacional nada tienen que ver con las pretensiones de beneficio y de control de las compañías multinacionales. Para sus defensores esta política permite a los países menos ricos obtener un crecimiento en bienes de capital mucho mayor del que se podría generar con recursos propios. Para ellos, teniendo en cuenta la experiencia poco favorable de la deuda de los países pobres, es más recomendable que la misma se realice por el sector privado. Además, por medio de este sistema el país obtendría un capital productivo sin necesidad de reducir su producción corriente de bienes de consumo. Consideran que el grado de control dependerá de la forma que adopten las aportaciones de capital. Si lo hacen subsidiando al gobierno, lo más frecuente es que acaben exigiendo ciertas contraprestaciones que maniatarán la política estatal.

b) Financiamiento vía donaciones. Sus defensores argumentan que permitirá aumentar el potencial productivo y brindarán al país mayores posibilidades de desarrollo sin tener que sacrificar su consumo presente. Los detractores, por el contrario, alegan dudas profundas de las intenciones de los países donantes. Creen que detrás de esta buena voluntad se esconden pretensiones mucho más estratégicas y de control.

c) Financiación oficial mediante acuerdos bilaterales entre países o multilaterales a través de organizaciones financieras internacionales. Para sus partidarios esta línea de actuación permite al país deudor disponer de recursos en condiciones muy favorables (tipo de interés bajo y de larga duración), al tratarse de préstamos concesionales cuyo objetivo es financiar actividades de desarrollo. La corriente opuesta basa su crítica en la experiencia acumulada a partir de los años setenta. Si la cooperación durante estos años no ha permitido garantizar más que pobreza y dependencia, nada hace pensar que los próximos años vayan a ser diferentes. En este ambiente de escepticismo, argumentan, lo mejor es hacer una revisión retrospectiva que conducirá hacia una verdadera independencia financiera del continente.

8.1.1.- Las tontinas

En realidad, se trata de una variante a una financiación interna, a partir de las economías domésticas. Consiste en hacer una recaudación entre un grupo de personas organizadas a tal fin que será entregado de manera rotativa, generalmente cada mes, a cada uno de los miembros. Son pequeñas asociaciones voluntarias (en beneficio de los miembros) que deciden sacrificar su consumo presente para cuando le toque la tanda a cada uno. Es el sistema conocido por Ndjangué (en Guinea Ecuatorial), Kalabule (en Ghana) o likelemba (en Congo Democrática), por ejemplo. En muchos países africanos, este nuevo concepto de financiación llega a tener un peso importante en el conjunto del

PIB nacional. Permite a las economías familiares disponer de una liquidez que servirá para financiar pequeñas actividades empresariales y crear mínimas infraestructuras personales tales como la construcción, adquisición o rehabilitación de viviendas.

Los partidarios de esta alternativa parten de reconocer la capacidad de que disponen estas economías de crear dinero. Las deficiencias del sistema tradicional de financiación interior y su escepticismo hacia uno exterior les permite reivindicar la institucionalización de las tontinas en África. Para ellos la ausencia de instituciones financieras sólidas capaces de inyectar liquidez al sector privado, el pánico de los ciudadanos por atesorar sus escasos ahorros en los bancos comerciales desde donde, casi siempre, resultan presa fácil de la corrupción globalizada, han dado origen a un mecanismo de financiación-ahorro rotativo.

Esta economía informal, a pesar de reconocer su importancia en aquellas actividades empresariales donde crea incluso pequeñas bolsas de empleo, difícilmente proporcionará infraestructura a nivel estatal y ni sería una alternativa razonable de desarrollo. Es decir, las carencias del estado en cuanto a su papel como generador de bienes y servicios de componente social no podrán ser suplantadas por las cajas de ahorro colectivo ni permitirá ordenar las prioridades de desarrollo colectivo. Esta economía, por su antipatía hacia las reglas del mercado, no facilitará la generación suficiente de recursos que necesita el país, privando al estado de unos ingresos con los que debe cumplir sus funciones.

La importancia de esta economía es directamente proporcional a los niveles de desarrollo del país. Cuanto mayor sea el grado de subdesarrollo mayor es su peso en el conjunto de la economía nacional. Un dato, mientras en Sudáfrica tan sólo representa el 10% de la población en el resto de África ocupa más de dos tercios de la misma. Por ello una afirmación como la de Mbuyi Kabunda cuando dice: "La economía popular es indudablemente el futuro del continente, ya que además de tener la legitimidad de hecho por su papel positivo, proporciona la mayoría de los trabajos"[14], cuanto menos habría que tomarla con cierta moderación. Toda vez que reconoce por otra parte que la cultura africana es fundamentalmente opuesta a la lógica de mercado[15]. Porque o se tiende hacia el mercado universal, corrigiendo los inevitables fallos que genera, o redefinimos un modelo de desarrollo basado únicamente en lo cultural excluyéndose del concepto universal de desarrollo. El comunitarismo puede ser bueno para África en tanto en cuanto se ajusta a nuestra ancestral filosofía tribal de "todo para todos". Pero cuando este esquema se ha de trasladar del minúsculo clan tribal al conjunto heterogéneo que conforma todo el estado, es cuando surge la necesidad de generar primero para después distribuir y es aquí donde las fuerzas de un mercado regulado toman su importancia.

Cualquiera que sea la alternativa se necesita un sistema fiscal tolerante que facilite la reintroducción de los beneficios en el circuito de la economía y un sistema financiero capaz de cumplir con la función: reunir los ahorros de los ahorradores individuales, o unidades de gasto con superávit, y canalizarlos hacia los prestatarios individuales o unidades de gasto con déficit. De su eficiencia dependerá el matrimonio ahorro e inversión. Pero para que la maquinaria funcione engrasada es recomendable que el sistema sea libre. Esta libertad queda defendida por aquellos que consideran que la misma contribuirá a reducir los controles del Banco Central en relación con el crédito hacia el sector privado y aliviará la desconfianza que caracteriza a las sociedades subdesarrolladas que, presas del pánico ya mencionado, retirarán sus depósitos de las instituciones bancarias privando de este modo al sistema de una suma considerable de ahorro para la inversión productiva.

Este paquete de actuaciones debe ir acompañado de una organización social eficiente, apoyado sobre la base de una estabilidad política. Se han de crear unas instituciones que salvaguarden la libertad empresarial y el ahorro, garantizando la participación de la población y movilidad del capital, regulando y corrigiendo los desequilibrios que podrían causar la intolerancia del capitalismo.

9.- Conclusiones:

Los países de África que tienen la urgencia de cubrir sus necesidades básicas se han visto inmersos en una carrera por el desarrollo ajeno a su tamaño. Los condicionantes externos guiados por su riqueza determinan el camino a seguir. De su subsuelo se extrae el 75% del cobalto mundial; 46% de los diamantes; el 44% del cromo; el 32% del oro y el 11% del petróleo mundial, comparable a la de Oriente Medio. Sus tierras producen el 55% del cacao mundial; el 19% del café y el 19% del cacahuete, aceite de palma y palmiste; más del 7% del algodón que se comercializa en los mercados internacionales. Sus reservas hidroeléctricas se estiman en un 40% del total mundial, aunque sólo el 1% de ellas se halle en exportación. Este potencial económico apenas tiene incidencia en el comercio mundial. Más bien ofrece una contradicción evidente. África apenas aporta el 3% del PIB mundial cuya evolución ha ido decreciendo, desde el 4'4% en 1970 hasta el 2'7% en 1996 mientras su carga exterior para el mismo periodo se ha ido incrementando pasando de 6 a los 235 millones de dólares representando un incremento de 5.416% (cifra referida solo al África subsahariana).

Las Instituciones Financieras internacionales han dejado de lado asumir que el desarrollo es una combinación eficiente de varios factores no sólo económicos y tecnológicos sino también culturales, políticos, sociales, psicológicos etc. La evolución llevada a cabo por diferentes países desarrollados recomienda que la elección de una o otra alternativa no dependa solamente de los objetivos parciales e inmediatos propuestos sino también de los medios disponibles y de la organización de que se disponga. El éxito de cualquier opción dependerá, además de la voluntad de realización y del paquete de medidas complementarias que se adopten dentro de la estrategia global de desarrollo.

Algunos ejemplos y teorías permiten afirmar que las características generales de una sociedad o país determinarán la alternativa menos mala. En consecuencia, una propuesta universal de desarrollo impuesta con independencia de las peculiaridades de cada país sólo responde a otro tipo de objetivos y no precisamente a la mejora de las condiciones de vida de su población.

El crecimiento económico japonés, iniciado tras la restauración de la dinastía Meiji en 1868, tuvo en el sector agrícola, que cargó con gran parte del coste de la modernización de la economía, una de su clave del desarrollo. Basó su estrategia en el reconocimiento del papel dinámico que debe jugar el gobierno para la economía. La liberalización del sector de la propiedad privada facilitó la movilidad de bienes y trabajo. Pero además se crearon instituciones capitalistas que facilitaron la aparición de nuevas oportunidades para la productividad y la especialización. Se impuso la disciplina de una buena administración y obediencia al trabajo y se occidentalizó la tecnología, importando técnicos extranjeros y enviando estudiantes a Europa, etc. Estas medidas ayudaron a mejorar la productividad de la agricultura que repercutió positivamente en el conjunto de la economía.

La estrategia chilena contra la pobreza consistió en un buen diseño económico (crecimiento sostenido, creación de empleos productivos, equilibrio fiscal). Se pusieron en marcha políticas sociales específicas que permitieron a los sectores pobres integrarse al proceso productivo. Se apostó por políticas que primaron la inversión en capital humano, apoyando a las unidades productivas de pequeña escala y a las actividades que involucraran transferencia de recursos y organización a los sectores pobres con el fin de solucionar sus necesidades. El llamado "milagro chileno", para conseguir un desarrollo eficiente, volcó después sus esfuerzos en modernizar aquellos sectores en los que ostentaba cierta ventaja comparativa tales como la agricultura, forestación, minería y pesca considerados capaces de sobrevivir a la competencia externa.

Países como Tailandia o Filipinas orientaron primero su actividad productiva hacia el mercado exterior para después sustentarla en una sustitución paulatina de las exportaciones de materias primas por exportaciones de artículos semi-manufacturados y manufacturados. Estos países eran conscientes de que para fomentar sus exportaciones de manufacturas tendrían que superar las barreras comerciales de los países desarrollados. En base a ello consideraron que el éxito de su política no quedaba garantizado por el simple hecho de la abundancia de sus materias primas sino también por la productividad de la mano de obra, de la mejora en los servicios de transporte, suministros energéticos etc.

Toda nación debe emplearse hacia un desarrollo integral que permita incrementar el bienestar y proporcionar a su colectividad la libertad de elegir el uso más oportuno de sus bienes y servicios y reducir por lo tanto sus insuficiencias. Este quehacer requiere la existencia de un crecimiento económico enmarcado dentro de unas actuaciones que comprendan también políticas sociales para posibilitar la inserción de los sectores pobres en el proceso productivo. Esta es una responsabilidad que debe asumir el país en desarrollo aun cuando la comunidad internacional ha de cooperar mediante medidas efectivas para crear una atmósfera propicia a los esfuerzos nacionales.

Las características de los estados africanos, sobre todo por su multinacionalidad y el choque entre religiones, recomiendan un sistema de convivencia basado en los pactos entre las etnias. Dichos pactos deben basarse en que los gobiernos sean rotativos y plurales. Esta consideración (ignorada por el socialismo africano), sólo es posible a partir de un sistema bicameral. La cámara de la ciudadanía, por una parte, cuyos miembros son el resultado directo de la voluntad mayoritaria de dicha ciudadanía y, por otra parte, la cámara de las nacionalidades integrada (en la misma proporción) por todas y cada una de las diferentes etnias. Sus miembros vendrán designados desde sus respectivas comunidades. Será la que se encargue de vigilar el cumplimiento del pacto consensual.

La democracia local, en esta especie de "estado federal", permitirá a las regiones administrarse mejor. La comunidad internacional tiene que cooperar para consolidar este modelo de democracia y no solamente enviando alimentos a aquellas zonas que, en circunstancias dramáticas y concretas, y gracias a los medios de comunicación, impactan su sensibilidad. En estas circunstancias, la ayuda alimentaria no resolverá el problema del hambre. La democracia participativa, mucho más importante que dar de comer e incluso enseñar a pescar, permitirá a las sociedades subdesarrolladas de África afrontar sus problemas. Para pasar de un discurso teórico sobre un desarrollo sostenible a uno práctico y participativo, la población civil se debe organizar. Las conquistas sociales se adquieren mediante reivindicaciones populares. Las dictaduras latino-americanas llegaron a su término (en buena medida) gracias a los movimientos ciudadanos y con la colaboración de varias ONGs. Estas reivindicaciones organizadas están contribuyendo en cambios importantes en el modelo de organización social en estos países, donde van dejando de ser considerados antipatriotas como antaño y se están erigiendo como protagonistas para un desarrollo de una sociedad mejor.

En definitiva, se trata de crear un espacio autónomo que forme parte de este contexto global que se está gestando. La cohesión interna, sin fisuras, en un proceso que puede ser largo (no exento de cortapisas incluso externas) pero necesario, permitirá ganar esa "independencia" necesaria para elegir el prototipo de desarrollo que más conviene. De otra forma, la acomodación a las recetas occidentales no permitirá superar los obstáculos del estancamiento africano ni plasmar iniciativas propias como ha ocurrido en otras partes.

NOTAS

SEGUNDA PARTE:

1.-Ver *Bienestar, justicia y mercado* (pág. 21) Amartya Sen. Ed. Paidós.

2.-Los defensores de las teorías de la modernidad consideraron que las culturas del Tercer Mundo, por estar cargadas de valores inmorales y de estructuras rígidas y obsoletas, carentes de un espíritu emprendedor, poseen un alto grado de aversión al cambio. Por ello el primer paso para facilitarles el desarrollo es cambiando sus mentalidades.

3.-Economía agrícola (que es la unión de la actividad agrícola con los modos de producción) era la base de las sociedades precapitalistas en Occidente. De ahí que las reformas de esta economía permitieron capitalizar la economía de estas naciones mediante la mercantilización de las tierras y la desvinculación de los campesinos de las tierras y de los medios de producción.

4.- Ver *El desarrollo político* (págs. 26-27 y siguientes) de Manuel Fraga. Ed, Bruguera.

5. Ver *Mundo Negro* Nº 425 pág. 6.

6.-Fuentes CAD 2000.

7.-Fernando Abaga en su trabajo sobre la ayuda externa en el desarrollo de Guinea Ecuatorial (pág. 84) recoge unas declaraciones hechas por un ministro inglés en las que entre otras llega a afirmar: "La ayuda externa inglesa ciertamente genera un intercambio comercial que va en nuestro propio interés ya que por medio del cual los dos tercios de nuestra ayuda se gasta en bienes y servicios procedentes de Inglaterra. Equipamos una África en el extranjero y después recibimos pedidos de piezas de recambio" aseveró un alto funcionario inglés. En la misma sintonía se pronunció un funcionario americano de la USAID reconociendo que "el 93% de los fondos de la ayuda norteamericana se gasta directamente en Estados Unidos para comprar bienes de equipo, materias primas y alimentos que posteriormente se suministran como ayuda en el marco de proyectos de desarrollo específicamente examinados y aprobados por nosotros mismos. En consecuencia, concluye, la mayor equivocación que se da sobre el programa de ayuda es creer que mandamos dinero fuera".

8.- Los Convenios de Lomé son el marco institucional sobre el que se asientan los acuerdos de Cooperación entre la UE y los países ACP. El desarrollo de los mismos queda ampliamente expuesto en *África subsahariana: historia de una dependencia* de Fernando Muakuku(pág. 63-81). Ed. Carena.

9.- Ver Toussaint Eric, *À propos de la dette publique du tiers monde. Libérer le edic. Mille et une nuits*, junio 2001 págs. 211-212.

10.- Para una mayor aproximación al tema ver el Informe 2000 del FMI).

11.- El término "deudas odiosas" fue acuñado para simbolizar aquellos compromisos adquiridos por un país fuera de su voluntad o también que no se hayan utilizado para el beneficio del país. EEUU se amparó a esta denominación para cancelar la deuda que tenía Cuba con España argumentando que el peso había sido impuesto a Cuba sin su consentimiento. Gran Bretaña hizo lo mismo con la deuda contraída por Costa Rica (durante la dictadura) con la Royal Bank Of Canadá. Se argumentó esta reivindicación, por el Tribunal Supremo de Justicia estadounidense que el préstamo no había sido concedido por uso legítimo en consecuencia su requerimiento de pago puede no ser exitosa. Ver Jubileo Nicaragua 2000).

12.- Para los economistas clásicos (desde A.Smith (1776), T.R. Malthus (1798), D. Ricardo y S.Mill (1870); existe una estrecha relación entre la dinámica económica y la dinámica de la población. Lo denominaron el "dogma económico". Para algunos (Malthus) la relación es siniestra. Pero para Smith la mejora en las condiciones económicas regulará las tasas de natalidad. Ver *Desarrollo económico y superpoblación* (pág. 21-22) J. Martínez Peinado. Ed, Síntesis

13.- Ver. *África subsahariana y Occidente: historia de una dependencia* (pág. 96-97). Muakuku Rondo, Fernando. Ed. Carena.

14.- Ver *El África que viene* (pág. 70). Ed. Intermón.

15.- Ver *El África que viene* (pág. 70). Ed. Intermón.

TERCERA PARTE:

LOS RETOS DE LA GLOBALIZACIÓN

1.- LA GLOBALIZACIÓN.

El desmembramiento de la URSS (1991), y con ella el bloque del Este, ha significado para algunos analistas la definitiva victoria del capitalismo frente al comunismo, la defunción del poder de los Estados-Nación y la eliminación del último gran obstáculo para la libre movilidad del capital financiero de las transnacionales. A partir de entonces se empieza a hablar de la globalización en términos financieros y sociales: es la mundialización del capitalismo norteamericano, que ha creado sus propios códigos de funcionamiento, ha acabado con el sistema de bienestar social y ha acelerado la emigración de los pobres hacia el mundo desarrollado.

La mejora de los sistemas de comunicación y de transporte, unida al progreso tecnológico, ha favorecido la ampliación del comercio internacional tanto en lo que concierne al tráfico de bienes y servicios como en lo que respecta al flujo de inversiones directas entre fronteras en forma de fusiones o alianzas a través del Foreing Direct Investments (FDI). También ha facilitado la mundialización de las decisiones y la localización de las empresas transnacionales cuyas decisiones, tomadas en tiempo real, serán ejecutadas en cualquier punto del planeta. Esto les otorga un poder absoluto para homogeneizar tanto la producción como el consumo de sus bienes y servicios.

Estamos ante un fenómeno que algunos interpretan como la continuación del proceso expansionista del capitalismo que, a partir del enfoque neoliberal, pretende unificar todas las economías nacionales. La apertura de los mercados nacionales y la privatización de la economía son los puntales que deben sustentar este proceso. Para otros se trata de un escenario nuevo allanado por la mejora de la tecnología que ha permitido la reducción de costos provocando una explosión de la productividad. En todo caso, las políticas liberalizadoras aplicadas por los gobiernos cada vez más dependientes del poder financiero y la combinación de nuevas tecnologías y mercados más libres, han facilitado que estas transnacionales puedan racionalizar sus actividades.

Pero, esta globalización debe hacer frente a ciertos desafíos que son precisamente los argumentos esgrimidos en su contra como son: a) los que consideran que la globalización y la internacionalización del comercio son contrarios a la diversidad de los valores sociales de las naciones. b) La globalización, al fomentar el crecimiento y el desarrollo, puede causar daños colaterales e imprevistos al medio ambiente. Si es así el crecimiento y el desarrollo serán insostenible. c) En este proceso hay quienes ganan y quienes pierden; no todos los países participan por igual en sus beneficios, por lo tanto la globalización tiene consecuencias desequilibradoras en la distribución de la renta[1]. Dicho de otra manera, siendo cierto que con la globalización se incrementa la capacidad de generar renta, sin embargo, no garantiza el disfrute de la misma de forma equitativa. Con este nuevo sistema, las ventajas sociales del estado del Bienestar del primer mundo no quedan garantizadas en el tercer mundo.

1.1.- Características de la globalización:

Los elementos que identifican este nuevo signo capitalista son:

a) Su hegemonía e intolerancia frente a cualquier otro sistema o conducta. Marca sus propias reglas. Cualquier comportamiento contrario será duramente sancionado por la fuerza del mercado y por los beneficiarios del sistema.

b) La supremacía del mercado frente a los gobiernos y a los individuos. Los estados nacionales van perdiendo fuerza a favor del poder económico. Deberán adoptar normas más permisivas para que el capital financiero campe libremente. Definitivamente, el poder político queda bajo el control del poder financiero. Los ciudadanos cuentan cada vez menos. En un sistema más liberado, las movilizaciones sociales a favor del pleno empleo, contra los despidos o empleos temporales, van perdiendo fuerza. Los gobiernos ya no garantizan el estado de bienestar.

c) La política macroeconómica nacional pierde su independencia en beneficio de una política de bloques. Los bancos nacionales pasan a ser sucursales de un poder central, en algunos casos casi invisible.

d) Se avecina una nueva era de bloques. Desaparece la guerra fría (ideológica) y en el horizonte se dibuja la del reparto del mercado: EEUU, Japón, Unión Europea y China competirán por la renta mundial. Lucharán por fortalecer sus monedas como garantía de poder y de estabilización.

e) Garantiza una mayor generación de renta pero también la polarización. Los beneficios del sistema repercuten favorablemente en un número cada vez menor de personas. La inmigración del sur al norte marcará el flujo migratorio en los próximos años, hasta que el sistema se reequilibre.

f) Los desequilibrios políticos y sociales en los países del sur, mientras garanticen la libre explotación de sus recursos y no pongan en peligro el equilibrio financiero internacional, no serán relevantes en el contexto mundial.

g) Se trata un proceso histórico que va evolucionando con un resultado incierto. Sus propios desafíos podrán invertir su dinámica evolutiva.

2.- África y la globalización:

Ante esta nueva configuración mundial (cambios en los escenarios políticos, económicos e incluso sociales) podemos preguntarnos ¿Qué cambios se producirán en los países africanos? ¿Se beneficiarán con este fenómeno o por el contrario es una victoria más del poder capitalista? ¿Qué condiciones se deben dar para que los países africanos se beneficien de esta nueva corriente?. La respuesta a estas cuestiones está ligada a la evolución de la propia historia de África y sus relaciones con el Occidente. La última cuestión se abordará en el siguiente punto de este capítulo.

La ocupación imperialista se inicia con el deseo de abastecer a Occidente de materias del sur y de colocar allí sus productos industriales. Este largo proceso que culmina (en su tercera fase) con el neoimperialismo, no ha permitido a las naciones africanas preocuparse por su evolución. Los condicionamientos externos han determinado el devenir de sus pueblos. La sociedad africana, agrietados sus cimientos sociales, se ha visto forzada a contemplar con impotencia los cambios que se le van imponiendo. A estos países se les dotó de una organización social y una estructura económica subordinada a los dictados de la metrópoli. Las recetas mágicas propuestas desde fuera afianzarán su subordinación y evitarán cambios no deseados desde el exterior. La división internacional del trabajo garantiza la extraversión de la economía africana, privando a su población del derecho natural de disfrutar de sus recursos.

Nada nace pensar que la evolución futura sea diferente mientras el capitalismo (como es de esperar) siga su avance imparable creando unos códigos de comportamiento que facilite su penetración en el sur.

Se puede sostener que las ventajas que brinda este mercado planetario se traducirán en beneficios económicos y sociales para las naciones africanas, siempre que éstos sean capaces de aprovechar la mayor circulación de capitales, tecnología e información, mercancías y servicios a través de una redefinición de objetivos adaptables a su realidad, mediante políticas aperturistas. Por el contrario si se prioriza el proteccionismo frente a la liberalización racional de un mercado competitivo y la dictadura frente a la pluralidad, la brecha que separa este continente del mundo desarrollado será cada vez mayor y la globalización, una conquista más de los países ricos, seguirá siendo un mecanismo que garantiza el reparto desigual de los recursos en favor de los países industrializados.

No obstante existen diversas contradicciones en esta formulación global que no permiten albergar esperanzas si no se producen cambios sustanciales en la sociedad capitalista. Con la conversión de las ex colonias africanas en periferias se las condena también a participar desproporcionadamente en los avances del sistema, pues son economías diseñadas para ser canteras de exportación de ciertos productos cuyas condiciones comerciales quedan impuestas por el sistema. La desarticulación de estas economías garantiza unas relaciones de dependencia y dominación en beneficio de los países del centro. De ahí que el discurso que recomienda una mayor liberalización de la economía africana supone desviar el debate porque en la práctica esta economía no dispone de nuevos sectores que se pueden incorporar al sistema. África exporta todo lo que se le permite producir e importan casi todo lo que necesita. Esta actividad no se está traduciendo en una mejora de las condiciones sociales como se pregona.

Un hecho parece cierto y es que este proceso que ha instalado las comodidades del norte (en posesión de algunos elegidos) en las barricadas del sur, ha permitido a estos nuevos ricos reducir la brecha que les separa con respecto los del norte. Unas cuantas horas de vuelo les situarán (a ellos y a los suyos) en las mejores clínicas y hoteles occidentales. Las diferencias ahora se discuten entre los pobres del Norte potencialmente beneficiarios de las ventajas del sistema y los del Sur, a quienes se les niega cualquier oportunidad. Esta globalización es un periodo en el que la definición Centro-Periferia tiene poco que ver con la delimitación geográfica y más con las ventajas que cada uno de nosotros se beneficia o no de los privilegios del sistema. El aumento de las desigualdades ha hecho que también en el Centro existan bolsas importantes de pobreza (el cuarto mundo) comparable con la miseria del Sur.

Los poderosos (fundamentalmente EE.UU, Japón y UE) deben ir tomando posición en el mercado periférico, pues en sus mercados internos el reparto parece definido y estable.

No es de extrañar el nuevo rumbo que la UE pretende imprimir en sus relaciones con África. Dos hechos marcan este cambio de orientación. Por una parte, el concepto de la mundialización de la economía ha permitido a varios países de África acceder a la riqueza de hidrocarburos. La necesidad de reducir el precio del petróleo incrementando su producción (aprobado durante el Congreso Mundial sobre el Petróleo celebrado en Pekín en octubre de 1997) permitió intensificar las explotaciones petrolíferas en países potencialmente productores. Como consecuencia de ello el Golfo de Guinea, que genera más del 40% de la producción total africana (y que se prevé se duplique en los próximos cinco años) se convierte en una región de alto interés estratégico para las potencias comerciales. Con la nueva perspectiva, la internacionalización del comercio no sólo supondrá la adquisición de los inputs primarios en los países del Tercer Mundo sino que se consumirán en ellos el valor añadido de los mismos.

Por otra parte el creciente interés norteamericano por modificar sus relaciones comerciales con África, razón fundamental del viaje de Bill Clinton, entonces presidente de los EEUU por cinco estados del continente negro (22 marzo/2 abril 1998), refuerzan la postura occidental. Este interés de EEUU queda patente en las declaraciones de Ronald Brown, secretario de Comercio de Estados Unidos, cuando asevera que la era del dominio económico y de la hegemonía comercial de Europa en África ha terminado. "África nos interesa", señala después[2]. En este nuevo panorama, África interesa a las tres grandes potencias comerciales (sin perder de vista a China y a los nuevos países emergentes de Asia) por sus materias primas y por su potencial de consumidores. Todos ellos competirán en este único mercado, inmenso y planetario.

Con ocasión de la Cumbre de el Cairo (4 de abril de 2000) la UE se propone una nueva orientación en su política de Cooperación con África que promueva un desarrollo real y, en consecuencia, incremente el poder adquisitivo de los más de 700 millones de consumidores del continente africano. El plan de acción adoptado durante esta cumbre recoge un principio de intenciones de apoyo a la modernización de la economía de África y reducir la pobreza a la mitad en 15 años. Sin embargo, la comunidad europea eludió pronunciarse favorablemente respecto de los temas que más interesan a África como son: la apertura de sus fronteras comerciales para los productos africanos, la consolidación de las libertades y, sobre todo, la estrangulada deuda exterior. Ésta sigue siendo el arma de persuasión. Cualquier medida condonatoria será estudiada de manera unilateral[3].También se garantizó a África una vinculación directa con el Banco Central Europeo. Para los optimistas, el que los países africanos queden vinculados a la zona euro (por sus relaciones ancestrales) les proporcionará más beneficio que esfuerzos. Las relaciones multilaterales favorecerán los flujos de capital y facilitarán las inversiones internacionales y la acción interempresarial entre los dos continentes. Este razonamiento parte de considerar que se trata de un mercado perfecto donde hay un equilibro de oferentes y demandantes, por una parte, y una libertad de decisión a partir de una información y del poder económico que dispone la sociedad. Lamentablemente no es así. Incluso en las mismas sociedades desarrolladas los fallos de mercado son, en parte, el origen de la lucha histórica que ha caracterizado la evolución de estas naciones.

3.- La otra globalización.

Ésta es la globalización dibujada por un sector reducido de la población mundial (llamados globalizadores) que pretenden determinar, al margen de las preferencias de los globalizados, hacia dónde se deben concentrar las riquezas y el poder económico, o el poder global. Un mercado unificado e imperfecto (como todos los mercados en la realidad) donde el poder económico y de la información queda a merced de unos pocos. Este reduccionismo económico no puede ser el marco de una futura sociedad plural, porque ni es el único ni el deseable globalmente. Deja al margen otras cuestiones también importantes del ser humano como es el disfrute de los derechos universales tales como la capacitación de las personas, la sanidad, la alimentación, derecho al agua potable, el empleo, la libertad de expresión y de movimiento etc. Este modelo de exclusión social que favorece la marginación y la pobreza, que desoye el reclamo mayoritario de otro tipo de globalización global (con toda su redundancia), que niega la erradicación de la pobreza y sobre todo la democracia como derechos mundiales, sólo se puede entender en clave intransigente. Ante esta posición, nada debe comprometer a las capas marginales a aceptar los dictados venidos de ciertas instituciones o poderes fácticos a los que, por otra parte, no se les tiene reconocido el derecho legislador de las desigualdades.

Este modelo Economicista global (que tanto rechazo genera en la población mundial) no es la apuesta de África sino aquel que integre todos los ámbitos de la vida humana, que proteja los derechos civiles en Occidente pero también en el Sur. Una globalización que sea capaz de llevar a un dictador europeo ante el Tribunal de la Haya y lo haga también con aquellos que campan libremente y protegidos en África. Porque no castigar el mal es ser responsable del mismo. En definitiva, África está a favor de universalizarlo todo. Controlar la inmigración (incluso condicionarla a los programas de cooperación) pero también luchar con la misma entereza contra el terrorismo de las dictaduras africanas y evitar a toda costa que las minas antipersonas y otras armas, producidas masivamente en occidente desde donde generan beneficios económicos, dejen de tener su mercado también en África donde por otra parte se le niega genéricos contra el SIDA.

Una nueva estructura social universal debe ser aquella que se encamine hacia la pluralidad comercial, cultural y a la unidad de valores y derechos. Que permita defender no un estado de libertades (porque ello supone acotar el campo de definición y actuación) sino un mundo de libertades a partir de un organismo supranacional cuyos dictados vinculantes, al margen de la supremacía de estados, garantice esa nueva globalización. En este marco, donde cada parte del todo debe ofrecer sus mejores activos, África contribuirá abriéndose a él con su cultura, folklore, música, sus recursos, etc.

4.- Conclusión:

Estamos asistiendo a una nueva etapa del sistema capitalista en la que, a pesar de la hegemonía de los EEUU habría que tener en cuenta a la UE y Japón. Los tres bloques, al menos durante las próximas décadas, pretenderán competir por el mercado global y de sus decisiones dependerá el devenir mundial. De ahí que las rivalidades entre ellos sean los obstáculos con los que se enfrenta el proceso. En este desarrollo en el que las tres fuerzas están forjando macro bloques de integración, como paso intermedio a la globalización absoluta, no parece que la posición del Sur mejore en sus expectativas. Es más previsible que se agudice la polarización y que la globalización traerá más sufrimiento para los pueblos marginales y agote sus escasas posibilidades de creatividad, porque se tratar de un proceso que sólo responde a las exigencias de los tres bloques los cuales, en un discurso contradictorio, mantienen cerrados sus mercados para los productos del Sur.

La globalización vista de esta manera sugiere admitir que estamos ante una era de profundas transformaciones que exige plantearse nuevos retos. Si durante los siglos XIX y XX la economía se organizaba entorno a la industrialización, la nueva economía (la del conocimiento) basada en la tecnología de la información y comunicación exhorta a los países a ser más competitivos mediante la innovación para tener un espacio en el mercado global. En este sentido parece evidente que la única apuesta por productos primarios no permitirá a los países africanos sortear las dificultades del mercado global. La abundancia de productos sintéticos en los mercados occidentales recomienda una política basada en productos con alto componente tecnológico. Hoy en día el acceso a buena parte de esa tecnología depende más de la organización de las sociedades que del coste de la misma. El acierto de los países asiáticos radica en haber apostado por aquellos productos con demanda intensa en occidente cuyos costes de producción, al menos en cuanto a mano de obra se refiere, presentan ventajas considerables en el Sur. En esta línea lo que se demanda a los países africanos no es anclarse en esa producción tradicional impuesta que tanto sacrificio le ocasiona sino encontrar su propio cliché y saberlo utilizar.

Para que esta globalización (con vocación de repartir los privilegios hasta ahora en manos de unos pocos) permita a África poner sus riquezas al servicio del mundo y beneficiarse de las ventajas foráneas se requiere un esfuerzo de sinceridad desde el interior. Del fracaso de las diferentes recetas exógenas, a pesar del coste que ha supuesto a Africa, se pueden extraer conclusiones positivas. Una de ellas es que la solución y las herramientas están en casa. Es decir, juntar el hambre y las ganas de comer es una ecuación cuya respuesta no pasa por seguir recibiendo la clemencia de la deuda para continuar financiando de nuevo la usura y la corrupción, ni esperar y aceptar a ciegas los antídotos externos cualquiera que sea la procedencia de las mismas y la presión que se ejerza desde ellas.

África se beneficiaría de este modelo de globalización si parte de un examen crítico de los fallos internos. En este ejercicio, sin duda, se apreciará que el factor adverso y esencial es la intolerancia y la exclusión. La construcción de una África próspera con capacidad de satisfacer las necesidades primordiales de su población requiere apoyarse sobre una base firme como es una democracia participativa. Impulsar el protagonismo africano en detrimento del rol tradicional supone desarrollarse desde la base y ser realista con las posibilidades existentes. Superada esta asignatura pendiente y a partir de la nueva Unión Africana o en el marco de otra institución supranacional con decisiones vinculantes, se tendrá que apostar por un modelo que en lo económico combine la sustitución de las importaciones y exportaciones. Este modelo (MSIE) deberá tener tres orientaciones claras: a) producir en África una parte importante de las necesidades del mercado local. b) producir y transformar desde dentro buena parte de la producción exportada. Un doble compromiso asumido por los capitales nacionales y sobre todo aplicado con rigor por los extranjeros que permitirá eliminar la desarticulación y la desintegración de la economía africana. En este sentido, la inversión extranjera deberá comprometerse a favor de una política de transferencia de tecnología. c) apostar por los productos de componente tecnológico para ganar segmento en el mercado global.

El éxito del modelo dependerá, además, de la eficacia de una política proteccionista, que se irá aflojando en la medida en que se vayan consolidando cuotas de competitividad internacional. El discurso a favor de liberalizar las mercancías, defendido desde el desaparecido GATT, los servicios y las transacciones de capital (propugnado por la OMC), no ha sido la receta aplicada por ninguno de los países desarrollados o en transición. La liberalización absoluta sólo conduce a la ruina de los países insuficientemente equipados. El comercio internacional, elemento característico de la globalización, es positivo cuando se cumplen la ley de la oferta y la demanda. Esto no es así para los países del tercer mundo, particularmente para los africanos, que cada vez venden más barato y compran más caro. En estas condiciones, los capitales extranjeros no facilitarán la creación de un capital privado local y menos un mercado interior.

En lo social cada país deberá determinar y consecuentemente desarrollar unas instituciones capaces de conciliar una integración plural capaz de reflejar la heterogeneidad que conforma el amplio abanico étnico. La democracia consensual es la opción menos mala, porque evitará los excesos de las mayorías. Como he argumentado en la primera parte de este trabajo, una de las causas de los conflictos africanos no reside en la multiplicidad étnica sino en la exclusión social y en algunos casos el atropello que sufren dichas etnias debido a la aceptación de unos modelos socio-políticos estereotipados y desconexos con la realidad. La respuesta a este desaguisado es partir de unas estructuras que, lejos de ignorar la diversidad étnica, aboguen por su reconocimiento e integración plena en la gestión global de los designios del país. La democracia (entendida como el marco a través del cual se crean oportunidades para todos, donde el individuo se realiza según sus capacidades y dispone libremente de sus frutos) es la piedra angular porque permitirá a las naciones africanas ser dueñas de sus recursos. Se trata de globalizar a partir de un modelo que desde los micro espacios sea capaz de responder a los requerimientos locales y no tanto desde los macro objetivos generales casi siempre genéricos pero en cualquier caso lejanos a la población. Esta es la globalización interna que debe fomentar África si quiere mejorar sus relaciones con el mundo desarrollado.

NOTAS
TERCERA PARTE

1.-Ver Informe OMC 1998 pg 41-54.

2.-Ver *Revista Misional Africana: Mundo Negro* N° 427 pág. 7.

3.- Ver diario *El periódico*, 5 de abril de 2001.

BIBLIOGRAFÍA:

- *África Subsahariana y Occidente: Historia de una dependencia.* Muakuku Rondo Igambo, Fernando. Ed. Carena.
- *Capitalismo periférico y comercio internacional*: Samir Amin. Ediciones Periférica, Buenos Aires.
- *África camina: el desorden como instrumento político.* Patrick Chabal y Jean-Pascal Daloz. Versión original: África Works (1999) Ed. James Currey, 73 Botley, Oxford. Traducido por Rolando Sánchez y Rogelio Saunders. Ed. Bibliotecas de estudios africanos.
- *El golpismo en África:* José Luis Cortés. C.I.D.A.F (1982) Madrid.
- *El desarrollo político*: Manuel Fraga Iribarne. Editorial Bruguera.
- *El desarrollo, un derecho de todos los pueblos*. Inonko Vi Makome: Conferencia-Palau de la Generalitat Barcelona 10/11/98.
- *Las estructuras de cooperación para el desarrollo en Naciones Unidas*: Antonio Fernandez Tomás. Alzira- Diputación de Valencia- Interciencias 2.
- *El Liberalismo en Occidente. Historia en documentos*: E.K. Bramsted / K.Melhuish. Unión Editorial.
- *Capitalismo, Crecimiento Económico y Subdesarrollo*: Maurice Dobb. Ediciones Oikos-tau; S.A.
- *La exportación y los mercados internacionales*: Francisco Granell Trías. Editorial Hispano Europea, S.A.
- *La economía: África Internacional*. Editorial Iepala.

- *Deuda Externa, Desarrollo y Cooperación Internacional.* Editorial L'Harmattan.
- *Bienestar, justicia y mercado*: Amartya K. Sen. Ed. Paidós I.C.E / U.A.B.
- *Economía mundial*: Javier Martínez Peinado/José Mª Vidal Villa. Editorial Mc Graw Hill.
- *Economía Mundial y Subdesarrollo*: Pedro Talavera Deniz. Editorial Hacer.
- *El dinero, el sistema financiero y la economía*: George G. Kufman. Ed, Universidad de Navarra.
- *Economía mundial: Un análisis entre dos siglos.* Jaime Requeiro. Editorial MC GRAW HILL.
- *Desarrollo económico:* Charles P. Kindleberger. Ediciones del Castillo, S.A.
- *El Pensamiento liberal en el fin de siglo*: Fundación Cánovas del Castillo (1997).
- *Acumulación y desarrollo en una economía semi-industrializada: análisis de la experiencia chilena.* Tesina de Licenciatura a cargo de Agustín Adalberto Duarte Carvallo.
- *Estrategias para combatir la pobreza en América Latina: Programas, Instituciones y Recursos.* Editado por Dagmar Raczynski.
- *Dentro y fuera del desarrollo*: Edmundo Flores. Fondo de cultura económica-México-.
- *Industria y Comercio en algunos países en desarrollo*: Ian Little, T.Scitovsky. M.Scott. Fondo de cultura económica.-Maxico- La economía del Sudeste Asiático: H.Myint. Alianza Editorial.
- *Desarrollo y Libertad.* Amartya Sen. Ed. Planeta.
- *Los costes del desarrollo económico*: E.J. Mishan. Ediciones Oikos-tau S.A.

- *Los otros conflictos*. Ed. Tiempos de Paz. Nº 34-35 Otoño 1994.

- *Los principios de la ayuda al desarrollo*: E.K. Hawkims. Alianza Universidad.

- Estrategia Internacional del Desarrollo para el Tercer Decenio de las Naciones Unidas para el Desarrollo 1982.

- *Enciclopedia Salvat*. Tomo 5, pág. 1164.

- *Planificación y desarrollo en los países del Tercer Mundo*: József Bognár. Editorial Planeta.

- *Reto a la pobreza*: Gunnar Myrdal. Editorial Ariel.

- *Visión global de la cooperación para el desarrollo*: Angel Martinez Gonzalez- Tablas. Editorial Icaria.

- *Curso de Economía*: Ramón Tamames. Editorial Alhambra Longman.

- *Mundo rico, mundo pobre*: Luis de Sebastián. Collección Presencia Social 2ª edición.

- Fondo Monetario Internacional: Informes anuales 1986/87.

- *Subdesarrollo y adopción de decisiones en la economía mundial*: Antoni Pigrau I Solee. Ediciones Tecnos.

- *La Larga Noche Neoliberal. Políticas económicas de los ochenta*: Jesús Albarracín/David Anisi (varios autores). Editorial Icaria.

- *La ayuda externa en el desarrollo de Guinea Ecuatorial*. Edit. Cooperación Española.

- *El Tercer Mundo en la Economía Mundial*: Pierr Jalée. Siglo Veintiuno Editores S.A.

- *Revista Misional Africana: Mundo Negro* Nºs 403.419 422, 425.426 427.

- *Desarrollo y Subdesarrollo*: Paolo Albani. Ediciones Oikos-taau S.A.

- *Subdesarrollo y países Subdesarrollados*: Fernando Manero. Aula Abierta Salvat.
- *Geografía del Subdesarrollo*: Yves Lacoste. Editorial Ariel.
- *Análisis Económico de la Pobreza*: Dudly Jackson. Editorial Vicens-Vives.
- *H. Económica de Europa: El desarrollo económico y la civilización occidental*: Spepard B. Clong/ Richard T. Ediciones Omega.
- *El fracaso del desarrollo en África y en el Tercer Mundo*: Samin Amin. Ediciones Iepala.
- El impacto de los proyectos de desarrollo sobre la pobreza: Informe del Centro de Desarrollo de la OECD 1989.
- *El hambre: una tragedia evitable*: Informe de la Comisión Independiente sobre Asuntos Humanos Internacionales. Alianza Editorial.
- *Pour un développement accéléré dans l'Afrique Subsaharienn*: Informe Banco Mundial 1981.
- *Els reptes de l'economia davant la globalització*: Revista Económica de Catalunya nº 36. Editada por Colegio Econom. Catal.
- *Los Retos de Fin de Siglo en África*: Editorial Mey.
- *África des de Barcelona avui*: Simposio celebrada por el Ayuntamiento Barcelona noviembre 1996.
- *La ayuda externa en el desarrollo de Guinea Ecuatorial*: Fernando Abaga Edjang. Ediciones Los libros de la catarata.
- *La economia*: Afrecha Internacional.Fundamentos IEP-LA. Diario La Vanguardia Nº 42.345 Pg 74 sec. Económica.
- *El desarrollo de América Latina y su financiamiento*: Felipe Herrera. Editorial Aguilar.
- *Ahorro Financiero y Desarrollo Económico*: Nicolás Knul- La economía: Editorial Iepala (1987).

- Revista *Muy* Especial. Nº46 abril 2000.
- Informe sobre el desarrollo humano del PNUD 1994.
-Informe OCDE/CAD 2000: *"Development Co.operation Report"*.
- Fondo Monetario Internacional: *Deuda exterior y crisis mundial.* José Serulle y Jacqueline Boin. Ed, Iepala (1984).
- *Efectos de la política de ajuste del FMI.* Tesis doctoral, Jaime Aristy Escuder. Barcelona (1989).
- *Fondo Monetario Internacional y Banco Mundial: Estrategias y políticas del poder Financiero.* Samuel Lichtensztejn/ Mónica Baer; ed, Nueva Sociedad (1985).
- *El Shock de la deuda. Toda la historia de la crisis crediticia mundial:* Darrell Delamaide; Ed. Planeta.
- FMI: Informe Anual 2000.
- *Historia del dinero:* Víctor Morgan. Libro de bolsillo Istmo. Colección Fundamentos.
- *Historia Económica de Europa. El desarrollo económico de la civilización:* Shepard B.Clongh & Richard T.Rapp, Ed. Omega.
-*Desarrollo económico y superpoblación.* Javier Martínez Peinado.Ed. Síntesis.
- *Altruismo, mercado y poder.* José Antonio Sanahuja. Ed. Intermón & Oxfam.

ÍNDICE: